強壮な精神は、健やかであるときには、あらゆる力を吸収し、自分と反対の力をも吸収する。そしてそれを自分の肉となす。

（ロマン・ロラン『ジャン・クリストフ』豊島与志雄訳、岩波文庫）

目次――テロリズムと現代の安全保障

第1章　テロリズムの本質

第3章　今後のテロ対策

第1章　テロリズムの本質

まず本章では、テロリズム（terrorism）[1]の本質を探ってみよう。テロリズムに立ち向かうには、テロリズムという事象を、正しく理解しておかなければならない。すなわち、理論化の試みである。これまで人類が経験してきた事象のうちで、ある共通の要素によって、ひとつの範疇にまとめられる事象をテロリズムと呼び、その性質を探って、一般論を導き出す。

なぜ理論化を行なうのかと言えば、一般論に基づいて得られた対策を、個々の事象に応用し、それによって得られた新しい知識と教訓によって、さらに一般論に磨きをかけ、個々の事象への応用にいっそう役立つものとすることができるからである。この相互作用の繰り返しによって、テロ対策の「実際」とテロ研究の「理論」は進歩する。

どのような事象をテロリズムの範疇に加えることが、適切なのか。テロリズムの範疇を広げすぎて、テロリズムと他の事象とを混同していないか。たとえば、不安定なアフガニスタンにおける反政府武装勢力タリバン（Taliban）や、同じく不安定なイラクとシリアを股にかける国境横断的武装勢力「イスラム国（Islamic State）[2]」を掃討することと、法秩序が保たれている日本や欧米で爆破など不測の事態に対処することとでは、必要となる手法が異なる。テロ対策（counter-terrorism）とゲリラ戦（guerrilla warfare）や叛乱掃討（counter-insurgency）とを「対テロ戦争」と一括りにするのは、雑な議論である。[3] 議論が雑なだけではなく、徒《いたずら》に人命が失われ、暴力は止まない。

また、テロリズムの真の脅威とは何か、あるいは、テロリズムに対処する上で陥りやすい罠とは何か。これらのことを把握しておかないと、誤ったテロ対策をとってしまう。それではテロリズムを制圧できないばかりか、逆にわれわれが守りたいと思うものを、われわれ自身の手で壊してしまうことにつながる。

すなわち、自由と民主主義をテロリズムから守ると言いながら、正当性を欠いた強権的テロ対策を実行すると、これらの基本的価値をみずから破壊してしまう。このような、見方によっては喜劇的とも言える失敗をしないように、細心の注意を払わなければならない。もちろん、喜劇的とは言っても、誤ったテロ対策の被害者にとっては、取り返しのつかない悲劇である。社会全体にとっても、大きな損失である。このような「自己破壊」は、テロリズムへの敗北以外の何物でもない。

まず対象を正しく理解すること、すなわちテロリズムという「敵」の正体を見極めること、これこそテロ対策の第一歩である。孫子の「敵を知り、己を知れば、百戦危うからず」という教えは、テロリズムにも当てはまる。テロリズムに対処する基本的な方針を定めるには、テロリズムの本質の探究という「理論」が必要である。理論抜きに、テロ対策という「実際」は実を結ばない。

1　本書では「テロ」と「テロリズム」とを厳格に区別して使用しているわけではないが、原則として接頭語としては「テロ」、名詞としては「テロリズム」を用いている。

2　武装集団の名前にかぎかっこをつけることは通常していないが、本書では、普通名詞との混乱を避けるために使用する。

3　ゲリラあるいは叛徒がテロリズムを補助的手段として用いることはあるが、闘争全体の本質はゲリラ戦あるいは叛乱であって、テロリズムではない。詳細は第３章を参照されたい。

第1節　テロリズムとは何か

テロリズムの語源

テロリズムという言葉が使われだしたのは、フランス革命の頃からとされる。『オックスフォード英語辞典（Oxford English Dictionary：OED）』に初めて「テロリズム」の語が掲載されたのは、1795年のことである。[4] フランス革命時には、恐怖政治と呼ばれる政策が行なわれた。恐怖政治とは、革命政権に対する反対派を暴力で弾圧し、その恐怖（terror）を利用して、反政府活動全体を封じ込めることである。恐怖政治の犠牲者は、1793～94年で、4万人に及ぶと推定されている。この一種の見せしめが、テロリズムの語源である。したがって、OEDでは、テロリズムとは、権力の座にあるものによって実行される、脅迫による「統治」を指すとしている。すなわち、テロリズムは元来、抵抗ではなく支配の手段だったのである。

19世紀半ばになると、テロリズムは、弾圧から反体制勢力による専制政治への「抵抗運動」へと、意味合いが変わってくる。その最たるものは、ロシアのナロードニキ（小作農解放活動家）による皇族・警察幹部の襲撃である。襲撃対象を無差別にではなく慎重に選別したことと、襲撃がもたらす革命的機運の高揚によって大衆動員を狙ったことが、ナロードニキの活動の特徴である。このロシアの革命運動を経て、テロリズムは支配の手段から既存の体制に挑戦する手段として認識されるようになった。

同じ大衆に与える影響でも、フランス革命政府のように大衆を弾圧するのではなく、大衆の動員を目標にするロシアの革命運動のテロリズムは、首尾一貫した戦略を持つテロリズムの先駆けであった[5]。これが、その後の世界のテロリズムの原型と言うことができる。また、19世紀ヨーロッパのテロリズムは、今日一般に感じられているのと違って、英雄的あるいは殉教者的行為という、肯定的ニュアンスがあった[6]。

言うまでもないが、暗殺などの政治的暴力は、フランス革命やロシアの革命運動のはるか以前から、

4　Teichman, Jenny, "How to Define Terrorism", Gearty, Conor (ed.), *Terrorism* (Aldershot, Dartmouth, 1996), p.5.
5　チャールズ・タウンゼンド（宮坂直史訳）『テロリズム』（岩波書店、2003年）68-76頁。

洋の東西を問わず行なわれてきた。わが国古代史上の一大事件である、中大兄皇子《なかのおおえのおうじ》と中臣鎌足《なかとみのかまたり》による蘇我入鹿《そがのいるか》殺害もその例である。安政の大獄と桜田門外の変は、体制派と反体制派との間の、脅迫の応酬とも解釈できる。だが、社会科学の概念としての「テロリズム」は、フランス革命に端を発すると言えよう。

テロリズムと価値判断

テロリズムの研究を行なうことが、特定の政治勢力を非難、あるいは支持することにならないように、注意が必要である。テロリズムという言葉は、価値中立的に用いられることが少ない。すなわち、今日では19世紀と違って、テロリズムには概して否定的な響きが伴う。それは、訓練を受けた武装集団に正面から戦いを挑むのではなく、無防備な人々[7]を突然襲う、一種のだまし討ちだからである。これ自体は卑劣な行為である。

前述のロシアの革命運動家の中には、襲撃対象を慎重に選別し、襲撃に絶好の機会を捉えても、その家族を巻き込むことが必至の場合には、襲撃を中止したり、あるいは自らの襲撃の犠牲になった者のために慟哭したりする活動家がいた[8]。だが、現代のテロリズムは、襲撃対象の家族・知人どころか、まったく無関係な人々まで巻き込む無差別化が目立つ。これは刃物や銃を用いた特定の個人の殺傷や、爆発物を用いる場合でもその威力が小さかった時代から、威力の大きい爆発物を使えるようになった時代に変わったことも一因であろう。いずれにせよ、無差別化は、被害規模の拡大につながる。この非人道的性格のために、みずからをテロリストと呼ぶ者は稀であり[9]、逆にある個人をテロリストと呼ぶ時、あるいはある組織をテロ組織と呼ぶ時、そのこと自体、その人物や組織、そして彼らの主張を非難する倫理的価値判断を含んでいることが多い。

　だが、価値判断を含んだまま、テロリズムを論じ始めると、客観的な研究というよりも、政治的中傷に陥ることになりかねない。テロリズムという行為自体は、一般論として非難されるべきであるが、テロリズムに訴えた（訴えざるをえなかった）運動、主義主張が、常に非難されるべきであるとは限らない。テロリズムの概念が価値判断を含むとすると、そのような運動、主義主張も否定しなければならないことになる。逆に、同じ行為でも、主義主張が正しければ、テロリズムではないということにもなってしまう。

6　ビクトル・ロープシン（川崎浹訳）『蒼ざめた馬』（岩波現代文庫、2006年）、ボリス・サヴィンコフ（川崎浹訳）『テロリスト群像』（岩波現代文庫、2007年）参照。ロープシンはサヴィンコフのペンネームであるが、ロープシンは文学者としての顔、サヴィンコフは政治活動家としての顔を持っている。
7　この場合の「無防備な人々」とは、警戒態勢にない警察官、軍人等も含む。
8　サヴィンコフ『テロリスト群像』169-80頁。
9　ブルース・ホフマン（上野元美訳）、『テロリズム』（原書房、1999年）35-37頁。

かつてはテロリズムと見なされ、指導者や実行者が投獄、処刑された行為が、今日では正当な抵抗運動と考えられている例は、珍しくないのである。南アフリカ共和国のアパルトヘイト（人種隔離政策）廃止後の初代大統領で、1993年にノーベル平和賞を受賞したネルソン・マンデラ（Nelson Mandela）は、反アパルトヘイト運動の指導的人物であったが、武装組織を設立して活動した。そのため、前任の大統領フレデリック・デクラーク（Frederik de Clark）[10]政権下で釈放されるまで、獄中にいた。あるいはパレスチナ解放機構（Palestine Liberation Organization：PLO）議長を務めた、これもノーベル平和賞受賞者のヤセル・アラファト（Yasir Arafat）や、別のパレスチナ解放組織ハマス（Hamas）の指導者で、イスラエル軍に2004年3月に殺害されたアーメド・ヤシン（Ahmed Yassin）も、イスラエルに対する武装闘争を率いていた。彼らの行為は、一種の抵抗権の行使とも考えられる。

「ある人間にとってのテロリストは、別の人間にとって自由の戦士である（One man's terrorist is another man's freedom fighter.）」とは、よく引用される言葉である。厳しく弾圧され、言論の自由も制限されているために、平和的・民主的改革の道が閉ざされているが、さりとて当局の武装組織に正面攻撃を敢行する能力もない。そこで、無防備な人々を巻き添えにしてでも事件を起こす以外に、主張を実現する術がないというのが、武装闘争を行なう者たちの言い分である。

英国情報機関に勤務したことのあるサマセット・モーム（Somerset Maugham）は、自らの体験に基づいたスパイ小説『アシェンデン』[11]の中で、インドの独立運動家についてこう言っている。「とにかくほとんど孤立無援で、インドの全英軍を相手にまわす勇気の持ち主とあっては、まったく感心のほかありませんよ……あの男だって、もし砲兵の二、三個中隊と歩兵の六個大隊も自由にできれば、爆弾など使わないでしょう。とにかく、あり合わせの武器で戦おうというんですからね。それを咎めるわけにはゆかないじゃないですか。それに何と言っても、私腹をこやすためでなく、祖国の自由が目標なんでしょう。額面どおりにとれば、彼の行動も容認できるじゃありませんか？」こうして主人公のアシェンデンは、英国情報機関の一員として、当時、英国の植民地支配下にあったインドの独立運動家を捕捉する計画を練りながら、同時にその活動家に理解を示して、上司を煙に巻くのである。

このモームの言は政治活動を抑圧された者が、自然権思想に由来する抵抗権の発露として、暴力に訴える複雑な事情を的確に表現している。当時のインドで民主的な住民投票が実施されていれば、英国による統治は拒絶されていたであろう。だからこそ、英国はインドに民主主義を導入せずに軍事力で押さえつけたのであり、これに対抗する独立運動家は軍事力を持たなかった。その中には、ガンジー(Mohandas Karamchand Gandhi) のように非暴力を説いた指導者がいたとは言え、それに満足できない

10　マンデラとともにノーベル平和賞を受賞。

11　サマセット・モーム（河野一郎訳）『アシェンデン』（ちくま文庫、1994年）158頁。ちなみに原作は1928年に発表されている。

者にとっては、武装闘争がひとつの手段だったのだろう。また、パレスチナ人組織が、1960年代から80年代にかけてテロリズムに訴えていなければ、パレスチナ問題の存在自体が、世界から忘れ去られていた可能性が強い。この意味では、テロリズムは有効だったのである。

もちろん、政治活動の自由が保障され、平和的変革の道が開かれている社会においては、暴力は許されない。1970年代に日本や西ドイツ(当時)、フランス、イタリアなどの先進民主主義国を襲った極左によるテロリズムは、およそ国民の理解を得られる性質のものではない、世界同時革命のような荒唐無稽な主張を標榜した。そのような主張が無視されたからといって、銃撃、爆破、誘拐、航空機の乗っ取り事件等を引き起こして人命に危害を加えることに、いささかの情状酌量の余地もなく、彼らの行為は卑劣な暴力以外の何ものでもない。だが、このように全面的に否定し切れる政治的暴力ばかりが、テロリズムと呼ばれているのではない。

テロリズムという言葉に価値判断を含ませる限り、特定の行為がテロリズムか否か、歴史的あるいは政治的立場が異なる者の間では、当然のことながら、意見が分かれる。レッテル付けに利用されることも少なくない。したがって、一般的なテロリズムの定義をまとめ上げること自体の有用性を、疑問視する向きもある。[12] 実務的には、個々の特定の行為(航空機の不法な奪取、人質を取る行為など)や団体を指定して、それらをテロ行為、テロ組織として規制することが行なわれている。もちろん、個々の行為や団体を規制することも有効なテロ対策であるが、それだけではテロリズムの全体像をつかむことにはならないし、テロリズムの共通理解は期待できない。

冒頭でも述べたように、有効なテロ対策を実行するには、テロリズムの本質を見極める必要がある。この場合のテロ対策とは、取り締まりだけでなく、政治的解決やテロリズムの温床と思われる社会的不公正の是正といった、広範な対策も含んでいる。そのためには、テロリズムと見なされる事象の特徴を探ることが必要となる。倫理的価値判断を離れて、テロリズムを客観的な観察の対象とすべきである。

前述のモームのような、ある意味で冷めた見方が必要だ。これが意味するところは、マンデラもアラファトもテロリズムを主導したが、そのために反アパルトヘイト運動やパレスチナ解放運動が、大義を欠いた運動であったということではないということである。そして、彼らの武装闘争は、大義のある政治活動の一環ではあったが、形態としては、テロリズムとして扱われるべきだということでもある。すなわち、テロリズムを実行している組織も、大義がある場合には交渉相手として排除すべきではないということである。

12　Byford, Grenville, "The Wrong War", *Foreign Affairs*, Vol.81, No.4 (July/August 2002), http://www.foreignaffairs.org/articles/byford0702.html 18 July 2002

テロリズムの中心概念

テロリズムを客観的な観察の対象にするという前提に立って、次の作業はテロリズムの中心概念(core concept)を把握することである。なぜ、中心概念であって、定義ではないのか。テロリズムの定義自体、数え切れないほど存在するが、厳密な定義に固執すると、何がテロリズムであるかないかの水掛け論になってしまう恐れがある。そこで、定義付けは試みないで、最大公約数的に同意を得られると思われるテロリズムの中心概念と一般的傾向を通して、その本質を考察してみようと考えるからである。こうすることによって、テロリズムの共通理解を深めることができる。

筆者は、テロリズムの中心概念は、「社会への何らかの訴えかけが意図された、物理的被害よりも心理的衝撃を重視する暴力行為」であると考える。「社会への何らかの訴えかけ」とは、さまざまな政治活動や特定の思想・信条(宗教からたとえば環境保護・フェミニズムに至るまでさまざまである)の伝播である。その実現可能性、正当性は問わない。なお、この訴えかけは犯行声明を出すなど、明示的なものばかりとは限らない。故意に沈黙を守って、事件の動機や背後にあるものを推測させることも、テロリズムのやり方である。それでも、背後に政治的意図を読み取ることができる。このような訴えかけが背後になく、金銭や怨恨が動機の暴力行為を一般にテロリズムとは言わない。また、社会に漠然と不満を抱いているだけでは、訴えかけとしては弱い。

したがって、行為としては、一般の暴力事件と同じでも、動機は政治目的である。この動機の違いは、テロ対策としてどのように現れてくるのか。たしかに、事件を防ぐという点では、テロ行為も一般の暴力事件も、違いはない部分がある。たとえば、ハイジャック防止には、手荷物検査が動機の如何にかかわらず有効である。だが、テロリズムの場合は、政治的緊張が高まった時や、歴史的に意味のある日などに、特に警戒のレベルを上げることが必要になる。サミットや大きな行事の開催中にも、警備が厳しくなる。

特定の社会集団の出身者が事件を起こした場合、あるいはある社会問題が事件の動機であると考えられる場合などに、その社会集団が持つ不満を解消したり、社会問題を解決したりすることで、テロリズムの沈静化に向けて努力することが可能である。また、犯行が行なわれた後、容疑者を特定する過程で、動機に政治的背景が疑われれば、捜査の手助けとなる。

「物理的被害よりも心理的衝撃を重視する」[13]というのは、殺傷や破壊自体が究極の目的ではなく、そのような行為が人々の間に生む恐怖や不安を利用して、テロリストが望む社会状況の実現を画策することを意味する。テロリズムを一言で比喩的に表現するとすれば、「一人を殺して万人を脅えさせる

13　２００４年12月の国連事務総長へのパネル・レポートでも、テロリズムを定義するに当たって、心理的被害を重視する旨、答申されている。*A more secure world: Our shared responsibility – Report of High-level Panel on Threats, Challenges and Change* (United Nations 2004), p.52.

（Kill one, frighten ten thousands）」行為である。この表現は、テロを説明するのに、英語ではよく用いられる。この場合、脅えるとは、理性を失い、正常な判断ができなくなることと考えてよい。「心理的衝撃の重視」は、テロリズムに特有の性格を生み出す。過剰反応（overreaction）を狙う心理的闘争、これがテロリズムである。以下で詳しく見てみよう。

第1に、事件に巻き込まれた直接の被害者だけではなく、社会全体がテロリストの標的である。たとえば、駅を爆破することは、駅の利用者だけでなく、むしろその国の国民全体や政府、あるいは世界中に恐怖感や不安感を与えることが目的である。

直接の被害者には、従来は象徴的な人物や施設が選ばれることが多かった。反対派の政治家や言論人を襲撃するのは、テロリストがその個々人に憎しみを抱いているとともに、被害者と意見を同じくする他の人々への警告でもあり、自由にものが言えなくなる雰囲気を醸し出す。また、治安を担当する政府関係者を襲撃することは、テロリストにとっての「敵」を罰する行為であるとともに、一般市民の間にも不安感を作り出す。

だが近年は、一般市民が無差別に狙われる事件が顕著になって来ている。これは被害を大きくするために、駅や市場など、人が多数集まる施設を襲うのだと考えられる。そのような施設は不特定の人々が利用するものであり、本来的にテロリストが近づきやすい。無差別テロは、誰もがテロリズムの危険に晒されているという恐怖感を植えつける。ただし、無差別テロとは言っても、テロリストの側からすれば、選別している場合もある。ビジネス街を歩いている人々は、発展途上国の搾取者ないし、その共犯という訳である。また、かつて植民地支配をしたことのある国の国民は、先祖の犯した罪を償うべきであるという論理も、テロリストの側には成り立つ。

２００1年9・11事件は、米国の富の象徴である世界貿易センタービルと、米国の巨大な軍事力の象徴である国防総省ビルが狙われた。もちろん、そこにいた人々も、米国の経済、軍事を支える人々であり、世界貿易センタービルには、外国人も多かった。この意味で、9・11事件は、特定の個人を狙った訳ではないという点では無差別テロだが、米国あるいは米国主導の世界に対する攻撃とも理由付けできる。

第2に、心理的衝撃が物理的被害よりも、不釣り合いに大きくなることがある。たとえば、交通事故は、よほど大きなものでもない限り、派手に報道されることはない。これに対して、事件に政治的背景があり、爆破や銃の乱射で死傷者が出た場合は、センセーショナルに報道される。犠牲者を出さなくても、一時的に建物を占拠するだけで、ニュースは世界中を駆け巡ることがある。

物理的な被害、すなわち死傷者、行方不明者の数、建物の破壊、およびこれらの被害に起因する生活への影響を考えれば、大規模な事故や災害に匹敵するテロ事件は少ない。にもかかわらず、テロリズムは深刻に受け止められることがある。それはテロリズムの心理的衝撃が、大規模事故や災害並みに大きいからである。テロ事件の場合、同じ規模の被害が事故で生じた場合に比べて、社会全体が受けるショックは、より大きいと言えるのではないか。すなわち、直接の犠牲者の苦しみや経済的損失は同じでも、事故の場合は、処理が比較的、冷静に行なわれるのに対して、テロリズムの場合には、政府も含めて社会全体がパニックに陥り、ややもすればヒステリックに反応する可能性が高い。

ゆえに、テロリストはアイデア次第で、わずかな費用で大きな騒ぎを起こすことができる。少人数ででも、あるいは一人ででも、決行可能である。また、襲撃のタイミングを最も効果が上がるように選ぶこともできるのである。

逆説的だが、テロ事件が頻発している社会では、テロリズムのニュース性は、局外者には大きくないかもしれない。だが、現地の市民や当局は、不安や不信感、あるいは憎悪に苛まれ、平穏な生活を送ることが難しくなる。このような状態が継続すると、社会から健全さが失われる。

第3に、テロリストにとって、テロ行為が成功したか否かは、社会や政府がどのように事件に反応するかにかかっている。どのような社会や政府の反応をもってテロ行為が成功した、あるいはテロリストが勝利を収めたと言えるのだろうか。それは、単なる自己満足や復讐、他のテロ・グループへの示威を除けば、何らかの事態変革、すなわちテロ行為がなければ起こらなかったであろうという事態が起こることである。物理的破壊そのものではなく、事件の影響で世論や政策が変わることが、テロリズムの究極目標である。

すなわち、テロリストが期待する方向に社会や政府が動けば、それはテロリストの思うつぼということになる。したがって、テロリズムの挑発に乗らないこと、言い換えれば過剰反応に陥らないことが、テロ対策の鉄則である。テロリズムに対して社会が冷静に対処することができれば、テロリズムを押さえ込むことができる。すなわち、一般市民がテロリズムに脅えることなく、かつ政府が正当性を確保しつつ、法律に則って断固とした取り締まりを行なうことが有効なテロ対策である。

テロリズムに対する恐怖が原因で、国民の自由な言論が妨げられること、マスコミなどがさまざまな憶測をめぐらせて社会不安をいっそう煽ること、政府が抑圧的になったり、逆にテロリストに譲歩したりすることは、まさにテロリストが欲するものである。特に政府が抑圧的になることは、国民の反発を招いてテロ対策に不可欠な国民の協力が得にくくなるだけでなく、民主主義国にとって基本的理念を自ら破壊することを意味する。[14] われわれが守りたいと思うものを、われわれ自身の手で壊すことになる。テロリズムに対して断固とした姿勢をとることは重要だが、民意の支持を確保することや、民主主義的価値を守ることを忘れてはならない。

テロリズムにおいては、当局が必要以上の攻勢に出ることが、犯人の狙いであることが多く、強硬策が裏目に出る可能性も小さくないことを忘れてはならない。大言壮語を弄して、テロリズムに対して強い姿勢をとったつもりが、テロリストの書いた筋書きに乗っていたという役回りは、演じたくないものである。詳しいことは後で述べるが、テロリズムを戦争とみなして、軍事に偏重した対応をすることは、その最たるものである。正しいテロ対策とは、過剰反応を避けるものであり、一般市民を巻き添えにしないものなのだということを、強調しすぎることはない。

14　Farrel, William J., *The US Government Response to Terrorism* (Boulder: Westview, 1982), p.10.

したがって、どれほど衝撃的な事件を起こしたとしても、それによって社会や政策の変化がなければ、そのテロ事件は人々にショックを与えはしたが、本来の目的は達成できなかったという意味で、テロリストにとって成功したとは言えない。社会は事件の衝撃を封じ込めることができたのである。

テロリストの行動の一般的傾向

以上のような中心概念を踏まえた上で、テロリストの行動の一般的傾向を指摘したい。第1に隠密性である。テロリストは隠密裏に行動する。テロリストは発見されれば制圧される。それは、彼らは元来、警察や軍隊といった政府の実力組織に、正面からぶつかって行けるほど強力ではないからである。武装闘争を画策しても、保持する凶器の性能や訓練の程度は公的な実力組織より劣り、人数も少ない。テロリズムそのものは、物理的に権力を奪取する能力はない。したがって、当局のスキをつくような行為、たとえば爆発物を仕掛けるなどの行為に出ざるをえない。

第2にテロ組織は領域を支配しない。より正確には、上記の物理的脆弱性のために、領域を支配できないのである。これがテロリストとゲリラあるいは叛徒（insurgent）との大きな違いである。チェチェンの武装勢力がモスクワで劇場を（2002年）、北オセチアで学校を（2004年）占拠したように、領域を事実上支配する叛徒がテロ戦術を使用することがあるが、これは内戦、叛乱にテロリズムが付随して起こったものであって、武装闘争全体の本質はテロリズムではない。

表1

	テロリスト	ゲリラ・叛徒	武装工作員
目的と領域支配	心理的衝撃に重点を置き、領域を支配することができない	物理的制圧に重点を置き、領域を支配することができる	挑発や侵攻の手引き等を行なうが、長期にわたって領域を支配する能力はない
法的地位	犯罪者であり、法的、政治的に正当な地位を獲得することはできない	法的、政治的に正当な地位を獲得することが可能	正規軍の特殊作戦部隊
抑止の有効性	効かない	一般性なし	効果的
国際情勢との関係	無関係	一般性なし	濃厚

武装工作員については178頁以降を参照

また、アフガニスタンの旧タリバン政権に強い影響力を持っていたイスラム過激派アル・カイダ（al-Qaeda）は、山岳地帯に公然と拠点を保持していたが、これはアル・カイダがアフガニスタンを支配していたタリバンと共生関係にあった（あるいはタリバンに寄生していた）からである。言わば、政府公認のテロ組織で、このような例は稀である。タリバン政権崩壊後は、アル・カイダのメンバーがアフガニスタンを離れて世界各地に散らばる溶解（拡散）現象が生じた。もはやアル・カイダの拠点を「面」として捉えることはできなくなっている。なお、アフガニスタンにおけるタリバン勢力と、アフガニスタン政府および外国軍との戦闘を、対テロ戦争と呼ぶことがあるが、これは概念的に誤りである。タリバンはチェチェンの武装勢力と同様、ゲリラ組織あるいは叛徒であって、テロ戦術を使用することはあっても、テロ組織ではない。これに関しては、後で説明する。

第3の一般的傾向として、テロリストは一般市民と混在して活動するということを指摘したい。つまり、テロリストは無辜《むこ》の市民を装って事件を計画し、実行するのが通例である。9・11事件の犯人は審査を経た後、米国に入国し、合法的に飛行機操縦の講習を受け、合法的に旅客機に乗り込んだ。他の乗客と違っていたのは、離陸後、隠し持っていた凶器を使って、犯行に及んだことである。国境を侵犯したのではないし、空港で銃撃戦の末に機体を奪取したのでもない。入国、飛行機操縦の講習、旅客機への乗り込みの各段階で、テロリストであることを見破れば、防ぐことができたかもしれない事件であった。

テロリストが一般市民の間に潜んでいるということは、テロリストは市民生活が平穏に営まれている時を襲うということでもある。それだけ社会に与えるショックも大きい。事件が頻発して不穏な雰囲気が蔓延しているとしても、戦場とは異なり、人々は生活の場を離れる訳にはいかない。1960年代から80年代にかけての北アイルランドは、その典型である。人権を抑圧せず、過剰な実力行使を行なわず、かつ平常の市民生活を維持しながらテロリストを取り締まるのは、至難の業である。

このように元来はテロリストの弱点の現れであった隠密性は、逆にテロリストの強みともなり、テロ対策を複雑にする。テロリストを一般市民の中から発見することは、戦争において敵味方を識別することよりも、はるかに繊細さを要求されるからである。また、テロリストを発見できたとしても、一般市民を巻き添えにすることなく、制圧しなければならない。

テロ対策には欠かせない一般市民の協力を確保するためにも、政府の正当性を失わないためにも、実力行使には慎重さが求められる。

第2節　テロリズムが求める反応とは何か

第１節で、テロリズムが成功したか否かは社会や政府の反応次第であることを述べた。それでは、具体的にテロリズムが求める反応例を分析してみよう。

それは（１）統治者に対する住民の信頼の失墜、（２）テロ組織への協力の強要、（３）政府からの譲歩の実現、（４）権力の疲弊、（５）政府による抑圧などの形をとって現れる。これらの反応は別々のものではなく、互いに重なり合うことが多い。そして、最終的に政治目的の達成につながることが、テロリストの狙いである。

テロリズムとは、戦争と異なり、いかに衝撃的ではあっても、１回の事件で闘争全体の帰趨が決するものではない[1]（ワーテルローの会戦や日本海海戦に類するものはない）。テロリズムが成功するには、長期間にわたって活動を続け、みずからが期待する反応を引き出すことが必要である。他方、当局側には忍耐が求められる。

統治者に対する信頼の失墜

「信頼の失墜」とは、統治者が秩序を維持することができないことを見せつけ、その無能力振りをアピールすることで、住民が統治者を見限るように仕向けることである。2003年5月の戦闘終結宣言以後のイラク、あるいはカルザイ政権成立後のアフガニスタンにおける、商業施設、政府機関および外国軍隊等への襲撃は、このタイプである。

イラクでは米軍の増派や地元武装勢力の協力により状況が改善したと判断され、2009年に米軍はイラク都市部から撤退した。だが、人が多く集まる場所での爆破事件等は止む気配がなく、また各武装勢力は必ずしも政府に忠実とは言えない。この状況を利用して「イスラム国」が出現した。アフガニスタンにおいては、一度は駆逐されたかに見えたイスラム武装勢力のタリバンが勢いを取り戻し、安定化は程遠い。「イスラム国」もタリバンも、テロ戦術を効果的に使用している。

信頼失墜の一般的効果は、国民が頼りにならない政府や当局に協力しないこと、つまりテロ組織に関する情報を当局に提供しなかったり、テロ組織に資金や隠れ家を提供したりすることである。そうなると、テロリストはますます活動しやすくなる。この結果、さらに政府の権威は失われ、悪循環に陥る。これが長期的には、政権の交代や更なる混乱につながることがある。

協力・服従の強要

協力の強要とは、テロ組織に逆らうと、テロリズムの標的となる可能性を示唆することで、組織への服従を強いることである。たとえば、当局に協力したと思われる人物を、見せしめのために惨《むご》たらしい方法で殺害し、死体を故意に人目につく場所に放置することにより、一般住民に恐怖感を与える。同じような目に遭いたくない住民は、先に述べたように、当局への協力をためらい、テロ組織の言うことを聞くようになる。[2]

あるいは、組織に反対する意見を述べる者に危害を加えて、社会全体に自由な言論を抑制する。このようなテロリズムは、反体制グループだけが行なうとは限らず、権力の側が弾圧のために行なうこともある。前節で述べたように、テロリズムの語源は統治者による暴力であった。権力の側によるテロリズムを、白色テロと呼ぶことがある。なぜ「白色」かと言えば、左翼の革命運動すなわち赤色を弾圧することが多いからである。

また、資金の提供を強いることもある。テロ資金には不透明な部分が多い。組織によっては、みずから合法非合法を問わず事業を行ない、そこからの収益を活動資金に充てるケースもあるが、カンパ

1　Charters, David A.,"From Palestine to Northern Ireland: British Adaptation to Low-Intensity Operations", Charters, David and Tugwell, Maurice（ed.）, *Armies in Low-Intensity Conflict – A Comparative Analysis*,（London: Brassey's, 1989）, p.174-75.

2　リチャード・クラッターバック（首藤信彦訳）『世界のテロ組織』（ジャパン・タイムズ、１９９２年）32－33頁。

の強要はより一般的に行なわれているものと考えられる。

政府からの譲歩

政府からの譲歩とは、拘束されている同志の釈放や、身代金の支払いの要求、あるいは特定の政策の変更を要求することなどである。日本赤軍、あるいはバーダー・マインホフ（Baader Meinhof）・グループ（いわゆる西独赤軍）のような1970年代に活動した極左グループには、わずか数十名のメンバーで世界同時革命を目指すなど、大衆の支持基盤もなく、具体的な政策目標もなかった。これらの極左グループは、事件ごとに仲間の釈放や身代金の支払いといった、政府からの譲歩を引き出そうとした。

この種の要求は人質をとって、タイム・リミットを付けることが一般的である。人質の安全がかかっているために、世論やマスコミがセンセーショナルに反応し、政府が苦境に立たされることがある。また、たとえ政府がテロリストの要求を拒絶しても、テロリズムに対して強い姿勢をとっていることを示すのに熱心なあまり、騒ぎを大きくして、結果的にテロリストのプロパガンダに協力してしまうことも、往々にして見られる。1980年代に中東で欧米人の誘拐が相継いだ。各国政府は人質解放のために、水面下で交渉を行なったとも伝えられている。これを見て、あるイスラム過激派グループは、欧米諸国は人質の安全確保のためには、国益を犠牲にすることさえ厭わないのではないかという印象を受け、かえって驚いたと言われている。[3]

　テロリストの要求に応じることは、更なる反抗を助長し、法秩序の権威を傷つけることになるので、好ましいことではない。だが、人質の生命を危険に晒してまでも、テロリストの要求を拒絶することは容易ではない。現実には、民主主義国の世論に敏感な政府が犠牲者を出してもテロリストに屈しないという姿勢を貫く立場に到達するには、試行錯誤を経て、国民のコンセンサスを得る長い道のりが必要である。[4]

　１９７０年代に日本政府は、日本赤軍の要求を容れて、身代金の支払いや同志の釈放に応じた。特に１９７７年のダッカ事件での犯人への譲歩は、ほぼ同じ頃に発生したルフトハンザ航空機乗っ取り事件で、犯人の要求に屈することなく実力行使によって解決した西ドイツ政府の対応と比較して、現在も批判されることがある。だが、実は西ドイツ政府も、それ以前にはテロ・グループに何回も譲歩して、犯人を釈放していたのである。人質の生命を危険に晒してもテロリストには譲歩しないという方針を、野党関係者の同意も取って確立するには、苦悩の道をたどったのであった。[5]　このような経緯

3　Taheri. A., *Holy Terror: The Inside Story of Islamic Terrorism* (Hutchinson, London, 1986), pp.196-97.

4　Carlton. D., "The Future of Political Substate Violence", Carlton, Alexander Y. and Wilkinson P. (ed.), *Terrorism: Theory and Practice* (Westview, Boulder, 1979), pp.219-20.

を知らずに、特定の時期の両国の対応の違いだけを比較するのは正しくない。

２００４年にはイラクで、邦人が誘拐され、犯人グループが自衛隊のイラクからの撤退を求める事案が２件発生した。日本政府はこの要求に応じず、最初の１件では被拘束者は３名とも無事解放されたが、２件目では被拘束者は殺害された。自衛隊のイラクでの活動は、国の外交・安全保障政策の中心をなすものであり、テロリストの要求を飲んで撤退することは、犯人の釈放や身代金の支払いとは次元を異にする。重要政策まで譲歩しては、テロリストに大きな力を与えすぎる。これは当該犯人グループだけでなく、一般的にもテロリズムという手法の可能性を拡大し、他のさまざまなテロリズムをエスカレートさせる危険がある。したがって、被害者には酷な結末を迎えたが、自衛隊のイラクからの撤退に応じなかった日本政府の決定は正しい。

権力の疲弊

権力の疲弊とは、執拗なテロ活動によって、当局および一般住民に、テロリストと妥協せずに取り締まりを続けるより、テロリストに譲歩する方が得策であると判断させることである。テロ組織は必ずしも当局に物理的に大きな打撃を与える必要はなく、小規模でもよいから長期にわたって襲撃を続ければよいのである。[6] 状況が不利であれば、テロ活動を一定期間、控えてもよい。テロ実行能力を温存して、機会を待っている方が得策である。政府と交渉を行なっている間でも、いつでも武装闘争が再開できるように体制を整えていることが多い。

ただし、状況が不利であればテロ活動を控えてもよいとは言っても、テロ組織にとって、長期間、活動を停止することは、士気や技能の低下につながる可能性がある。また、武装闘争を控えることに不満を抱く分派が、事件を起こすこともある。非合法組織内部では、路線対立が先鋭化しやすい。リーダーシップ、指揮系統がしっかりしていないと、「待つ」ことは組織の瓦解を招く可能性がある。

権力の疲弊によって最も成功したテロリズムは、植民地独立闘争である。これは前述の1970年代の極左とは対照的に、広範な支持基盤を持っていた。したがって、テロリストのリクルートだけでなく、資金や隠れ家の提供も住民から享受しており、長期間にわたって闘争を継続することが可能であった。何よりも、宗主国の撤退・主権の獲得という具体的目標を掲げ、民族自決原則という正当性を持っていた。ゆえに、国際世論および宗主国自身の国内世論を味方につけることができた。すなわち、植民地を維持することは民主主義的理念に反するうえに、第2次世界大戦によって経済的、軍事的に消耗した宗主国には、植民地独立闘争を押さえつけるだけの余力がなくなっていたのである。こ

5　Pridham, G., "Terrorism and the State in West Germany during the 1970s: a Threat to Stability or a case of Political Over-Reaction?" Lodge, J. (ed.), *Terrorism: A Challenge to the State* (Oxford, Martin Robeetson, 1982), pp.33-34.

6　Smith, M.L.R., *Fighting for Ireland?* (London: Routledge, 1995), p.36.

のような状況を背景に、テロ活動によって宗主国の根負けを誘い、独立を勝ち取ることに成功した例が多い。また、外国勢力が永久にとどまるのではなく、撤退の意思表示をしている場合、一般住民は外国勢力の味方をして、その撤退後、地元勢力から報復されることを恐れる。

政府による抑圧

テロリストが当局による抑圧を狙うとは、矛盾しているように思われるかもしれない。なぜなら、それは文字通り、テロ組織の活動を抑えつける方向に働くからである。しかしながら、ブラジルの革命運動・理論家カルロス・マリゲーラ（Carlos Marighella）は、当局による抑圧・人権侵害を引き出すことにより、人心を政府から離反させ、革命に有利な情勢を作り出すことを提案している。[7] もっとも、マリゲーラの思惑と異なり、ブラジルでは強権的統治が進んでも、それによって革命的機運が醸成されるということはなく、革命運動家達にとっては、かえって不利な状況をもたらしたのである。マリゲーラ自身も、警察に射殺された。マリゲーラの影響を受けたウルグアイの左翼グループも、同じく徹底した弾圧により壊滅した。

だが、マリゲーラの考えを、失敗した空理空論として片付けるべきではない。過剰反応により世論の反発を招かないようにすることは、民主主義国の政府・取り締まり当局が、常に念頭に置かなければならないことである。テロ対策には住民の協力が欠かせないし、民主主義的価値を逸脱したテロ対策は自己否定である。これは一国内だけの教訓ではない。9・11事件以後の米国の「対テロ戦争」は、グアンタナモ収容所における被収容者に対する苛酷な扱いや、情報機関工作員によるテロ容疑者の拉致に見られるように、これまで民主主義国が見せてきた抑制が、はずれてしまったように思える。このため、イスラム社会からの反発・憎悪はもとより、同盟国・友好国の国民からも心理的離反を招いてしまった。

1998年の在タンザニア米大使館および在ケニア米大使館爆破を受けて、国際テロ組織アル・カイダによる犯行とした米国は、アル・カイダ関連施設があるとされるスーダンとアフガニスタンにミサイル攻撃を行なった。だが、これによってアル・カイダの首魁とされるオサマ・ビン・ラディン（Osama bin Laden）がイスラム世界の活動家志願者にとって熱望の焦点となり、タリバンとサウジアラビアとの間で合意されていたビン・ラディン引き渡しを白紙にしてしまったとされる。[8] これも政府の強硬な反応が、テロリストに有利に作用した例である。

7　Marighella, Carlos, *Minimanual of Urban Guerrilla*, Appendix of Moss, R., *Urban Guerrilla Warfare*, Adelphi Paper 79 (International Institute for Strategic Studies, London, 1971), p40.

8　ジェイソン・バーク（酒井定雄訳）『アルカイダ』（講談社、2004年）283および289－90頁。Burke, Jason, AL-QAEDA (London, I. B. Tauris, 2003), pp.163 & 167.

テロリストの仕掛ける罠に陥らないために

民主主義国は人権に配慮し、行き過ぎのないテロ対策をとらなければならない。もちろん、厳しい取り締まりは必要である。だが、同時に法律を遵守し、人権にも配慮しなければならない。捜査や被疑者の拘束は、当然のことながら、法律が許す範囲内で行なわれる。それどころか、たとえ法律上は可能であっても、権力の行使は必要と思われる限度を越えないように、細心の注意を払うべきである。それには二つの理由がある。

第1は、世論の反発を招かないようにする、実益上の理由である。当局への一般市民の理解と支持がなければ、情報の提供等、協力が期待できなくなる恐れがある。さらに世論の反発がエスカレートすると、当局への協力が得られなくなるどころか、テロ組織への資金援助や隠れ家の提供、ひいては組織への参加も含め、テロ活動の支援さえ考えられる。特にテロ組織の政治的影響力が強ければ、その主張が一般市民の共感を呼び、政府の立場が苦しくなることもある。これこそテロ組織の思うつぼであり、テロリズムの罠にかかることになる。

第2は、自由と民主主義を守るという理念上の理由である。テロリストは各種の自由や人権の尊重という、民主主義の価値を悪用して行動する。だが、当局が法律の許す範囲を越えて対応すれば、みずから民主主義の価値を損なうことになる。テロリストの不法な暴力に対しても、当局は不法な暴力をもって報いてはならない。それでは、自分たちが最も守りたいと思うものを、自分達の手で壊すことになる。「テロリストに対抗するために、テロリストになってはならない」と言われる所以である。

事例：９・11事件

テロリズムの本質、テロリズムが狙うものを分析してきた訳であるが、９・11事件にこれを当てはめて考えてみよう。言うまでもなく、事件の真の狙いは犯人でなければわからないし、実行犯は特定できても、事件の首謀者とされるビン・ラディンが死亡し、同じく事件を計画したとされるハリド・シェイク・モハメド（Khalid Sheikh Mohammed）がグアンタナモに収監されたまま審理が行なわれていない現在、わからないことが多い。だが、テロリズムの理論に沿って、いわば応用問題として事件を取り上げ、テロリズムを深く理解するのは、意味のあることである。

筆者は、米国を軍事的に中東、中央アジアのイスラム地域に引きずり込み、反米感情を盛り上げ、イスラム過激派への同調者を増やすことが、事件の真の狙いではなかったかと考えている。ビン・ラディンは、イスラムの聖地サウジアラビアにおける米軍の存在を憎悪し、米軍を撤退させる目的で、１９９８年の在ケニア・タンザニア米国大使館爆破など、一連のテロ事件を起こしたと言われている。[9]

9　Pillar, Paul R. *Terrorism and U.S. Foreign Policy*（Washington, D.C.: Brookings Institution Press, 2001）, pp.61-62.

2000年のアデン港（イエメン）における米海軍駆逐艦爆破も、この文脈で考えることができる。だが、この説には不自然なところもある。米軍をサウジアラビアから追い出すためには、事件は逆効果と考えられるからである。

駐留米軍の撤退を促すためには、1983年在ベイルート（レバノン）米海兵隊施設爆破、1993年モガディシュ（ソマリア）における米陸軍ヘリコプター撃墜のように、現地に駐屯している米軍を襲撃して、米国内にセンセーショナルなニュースを送り、撤退の世論を盛り上げるのが定石である。サウジアラビア以外の場所で事件を起こしても、それが米国民による在サウジアラビア米軍撤退要求につながるとは考えにくい。また、当時はサダム・フセイン（Saddam Hussein）がイラクを支配しており、サウジアラビアやクウェートの安全のためにも、米軍の早急な撤退は考えられなかった。

たしかにビン・ラディンは米軍をアラビア半島から追い出したがっていたが、それにとどまらず、もっと壮大な計略を練っていたのではないか。それが前述の米国を軍事的に中東、中央アジアのイスラム地域に引きずり込み、泥沼に陥れて、イスラム対欧米という世界規模での対立構造を作り上げることである。逆説的だが、これが、いずれはサウジアラビアからの米軍の撤退にもつながる。ところが、9・11事件以前のアル・カイダによる挑発に対して、米国は限定的な空爆で報復するにとどまり、地上軍の進攻や駐留には至らなかった。米国の反応がアル・カイダが期待したほどではなかったので、より大規模な事件、すなわち9・11事件を敢行したと考える方が、テロリズムの戦略としては筋が通る。米国の軍事行動が、一時的にはイスラム過激派を沈静化することに成功したとしても、早晩、そのプレゼンスがイスラム教徒全体の反発を招き、テロ対策として逆効果となるだけでなく、米国がイスラム世界で「友人を失う」ことになると、ビン・ラディンは企んだわけである。[10]

米軍を中心とした各国軍は、アフガニスタンで戦闘を行ない、アル・カイダに拠点を提供していたタリバンに一旦は打撃を与え、権力の座から引きずり下ろした。だが現在では、勢力を盛り返したタリバン相手に、苦戦を強いられている。テロ対策として行なった武力行使であったが、ゲリラ戦あるいは叛乱掃討へと、紛争の性格が変異した。物理的被害や領域の掌握をめぐる闘争となった。国際治安支援軍（International Security Assistance Force：ISAF）は２００８年６月の時点で、５万３０００名であるが、その前司令官の米軍人は、タリバン制圧には４万の兵力が必要だと述べていた。[11]軍事的制圧は絶望的であると言ったに等しい。２０１１年には米軍の撤退が開始され、２０１６年には撤退完了の予定であった。だが、タリバンは機を見て攻勢を強め、「イスラム国」の浸透も見られ、叛乱が沈静化する兆しは見られない。このためオバマ（Barack Obama）米大統領は、２０１５年10月、撤退

10　別の見方としては、ビン・ラディンには明確な戦略はなく、主として資金提供をしていただけで、一連のテロ事件は承知していたとしても、主導はしていなかったとすることも可能である。この見方が正しければ、米国はビン・ラディンの仕掛けた罠にかかったのではなく、独り相撲をとって、墓穴を掘ったことになる。

11　BBC NEWS, "NATO 'needs more' in Afghanistan", 8 June 2008, http://news.bbc.co.uk/1/hi/south_asia/743270０.stm　２００８年６月５日アクセス。

を断念した。
２００３年の米国を中心とするイラク攻撃は、本来はテロ対策という色彩は薄かったのだが、[12]「対テロ戦争」と称されることが多かった。少なくとも、９・11事件の記憶が米国民に強く残り、開戦の引き金を引きやすくしたことは事実である。だが、エジプトのホスニ・ムバラク（Hosni Mubarak）大統領（当時）は反米的人物ではないが、米国がイラクを攻撃すればビン・ラディンの新たな信奉者を生むだろうと警告していた。[13] フセイン政権崩壊後のイラクは、国内の宗派対立や国外から潜入したグループによるテロ事件が頻発するようになり、「対テロ戦争」どころか、わざわざテロリズムの舞台を作ってしまった。イラクでの各武装勢力の活動には２００８年7月以来、沈静化の兆しが見えるものの、イラク国内および中東全体の安定は不透明であり、武装闘争が再び激化する可能性は小さくない。２０１４年には「イスラム国」がイラクだけでなくシリアでも活動を活発化させ、米国等による空爆に至った。ビン・ラディンが米国のイラク攻撃・占領まで期待していたかどうかはともかく、戦後のイラクをめぐる混乱した情勢を見ると、イスラム過激派にとって、願ってもない状況を作ってしまったと言わざるをえない。[14]
イスラム世界全体での反米感情の高まりや、アフガニスタンやイラクの混乱同様に警戒しなければならないのは、パキスタン情勢である。パキスタンはアフガン戦争以前はタリバンとの関係が良好であり、現在でも軍や情報機関の中にシンパがいると言われている。ペルベス・ムシャラフ（Pervez Musharraf）大統領（当時）はアフガニスタンから逃げ込んだアル・カイダ一味の捕捉など、テロ対策に積極的だったが、これが過激派の反発を招き、暗殺未遂事件も起こっている。２００５年７月のロンドンでの地下鉄・バス爆破事件に関連して、パキスタン国内のイスラム寺院や神学校が一斉捜索を受けたが、これも反発を呼んだようである。そして２００７年７月、過激派が立てこもっていたとされるモスクに強行突入し、１００名以上の死者を出した。この後、これに反発した者が起こしたと見られるテロ事件が頻発している。また、北ワジリスタンの武装勢力は、モスク突入に怒って、パキスタン政府との平和協定を破棄した。[15] ２００８年に就任したユースフ・ラーザ・ギーラーニー（Yusuf Raza Gillani）首相（当時）は、武装勢力との対話・交渉路線をとったが、２００９年に南ワジリスタンの武装勢力掃討作戦を開始した。これに対抗するかのように、パキスタン軍司令部や大学などが襲撃された。

12　いわゆる「イラク戦争」とテロ対策との関係についての筆者の考えは後述する。
13　BBC NEWS, "Mubarak says Arab Oppose Iraq attack," 6 August 2004, http://news.bbc.co.uk/2/hi/middle_east/2219775.stm
14　カレル・ヴァン・ウォルフレン（藤井清美訳）『ブッシュ／世界を壊した権力の真実』（ＰＨＰ、２００３年）、１８１頁。マイケル・ショワー（松浪俊二郎訳）『帝国の傲慢』（日経ＢＰ社、２００５年）下巻１５４頁。メアリー・カルドー（山本武彦・渡辺正樹訳）『新戦争論』（岩波書店、２００３年）２８１頁。
15　BBC NEWS, "Pakistan is no militant haven", 6 August 2007, http://news.bbc.co.uk/2/hi/americas/6933495.stm ２００７年８月７日アクセス。

米国では、アフガン情勢の混迷に伴い、またビン・ラディンがアフガニスタンとの国境付近に潜んでいるとして、[16] 空爆を開始し、パキスタン兵にも死者を出した。パキスタン領内からの攻撃に応戦したとの米国の説明だが、パキスタン政府の国民に対する立場を苦しいものにしている。このような姿勢は、パキスタン以外でも、多くのイスラム教徒を憤慨させるに違いない。まさにイスラム・テロリズムを支援しているようなもので、テロリズムの首謀者たちは大歓迎であろう。

米国国内でビン・ラディン死亡の報に接して、人々が歓喜する様がニュースに流れたが、特定の個人の死を「祝福」するのは、近代に入ってからの文明国では珍しい現象である。この後も米軍の無人機による爆撃は続いている。女性が教育を受ける権利を主張し、イスラム過激派によって瀕死の重傷を負わされた、２０１４年ノーベル平和賞受賞者のマララ・ユスフザイ (Malala Yousafzai) も、空爆を止めるよう、直接、オバマに訴えたが、無視されている。

また、ニューヨークの世界貿易センター跡地の近隣でのイスラムセンター建設計画に、一部市民の間で反対の声が上がっている。このような一部米国民の態度は、単独行動主義的なテロ対策と相まって、米国への信頼の減少につながる。これはイスラム教徒の反発を招き、穏健なイスラム指導者の立場を苦しくする。イスラムに対する誤解・反感が、イスラム教徒の誇りを傷つけ、異文化への敵意を募らせることが危惧される。[17]

一連の事件の流れを見ていると、核保有国であるパキスタンで、イスラム過激派に権力を掌握させることも、ビン・ラディンの企むイスラム過激派の勢力拡大策のひとつではないかとも推測される。

この危険極まりない企てに手を貸しているのが、「対テロ戦争」を行なっている米国である。核テロを最も恐れているはずの米国が、過激派の核兵器保有の可能性を高めている。ここまで9・11事件の首謀者達が考えていたというのも、できすぎのような気がしないではない。だが、意図されたか否かにかかわらず、その可能性は現実のものとなっている。

「対テロ戦争」で、米国はイスラム教徒の憎悪を招いただけではない。米国の同盟国・友好国の国民の反感も買ってしまった[18]。冷戦期に築き上げた自由の擁護者としての権威が失墜したことは、米国自身にとって不幸である。ウィリー・ブラント（Willy Brandt）、ヘルムート・シュミット（Helmut Schmidt）、ヘルムート・コール（Helmut Kohl）の三つの政権でドイツの外相を務めたハンス＝ディートリッヒ・ゲンシャー（Hans-Dietrich Genscher）は、ジョージ・W・ブッシュ（George W. Bush）政権下で米国が影響力と尊敬とを喪失したことを嘆いている。彼によると、ヨーロッパにおけるブッシュの評価は、第2次世界大戦後の歴代の米大統領の中では最低であり、ブッシュは有志連合（coalition of

16　BBC News. "Pakistan rejects 'Bin Laden raid'. 23 July 2007. http://news.bbc.uk/2/hi/south_asia/6911231.stm ２００７年７月23日アクセス。

17　小川忠『テロと救済の原理主義』（２００７年、新潮選書）１９６－98頁。

18　Deutsche Welle. "Surveys Show US Image Plummeting in Germany". 8 August 2007. http://www.dw-world.de/popups/popup_printcontent/0,2728790,00.html ２００７年８月９日アクセス。

the willing)[19]を利用して、北大西洋条約機構（North Atlantic Treaty Organization：NATO）の結束を軽視し、有志連合とヨーロッパと米国との間に大きな溝を作ったと述べている。[20]国際政治の場における米国の指導力が低下するとすれば、世界の安全保障に少なからぬ影響を与えずにはおかない。

9・11事件から14年が経過した。アル・カイダおよびそのシンパは、比較的小規模な事件を起こしながら、米国の手を広げさせ、窮地に追い込んでいるように見える。また、アル・カイダの関与の程度は不明であるが、アフガニスタン、パキスタン、イラクの混迷は、9・11事件の産物であることに違いはない。ついにイラク、シリアでは、単なるテロ組織ではないという意味でアル・カイダを超える「イスラム国」が出現した。これらの動きは9・11事件に対する過剰反応の産物であり、国際政治の不安定要因である。

戦争とテロリズムとでは、成功の物差しが違う。戦争では、敵の政権を倒したり、敵国を占領したりすることは、勝利を意味する。しかし、テロリズムに戦争を仕掛けることは危険な罠、たとえばゲリラ戦に引きずり込まれたり、国際的信用を失墜する可能性を意味する。また、戦争では、一般住民に死者を出しても、「付随的な被害（collateral damage）」として片付けられるが、これは本質的に治安維持活動であるテロ対策としては、最もやってはいけないことである。この区別が理解できずに、テロリズムに対して軍事中心の対応を行なうと、テロリストの思うつぼである。

他方、司法活動、情報活動、出入国管理、資金規正により、目立たないが堅実なテロ対策が、日常、行なわれている。これらの努力は、テロ事件の未然防止や、発生したテロ事件の解決に役立っている。

テロリズムに対しては、当局が強権的な攻勢に出ることが犯人の狙いであることが多く、それが裏目に出る可能性も小さくないことを忘れてはならない。逆に、法律に則り、冷静に対応すると、テロリストの書いた筋書きに乗せられる危険がない。これこそ正しいテロ対策であり、９・11事件の教訓と言えよう。

19　国際連合や既存の同盟の枠組みによらず、利害の一致により軍事行動を起こす国々の集合体を指す。柔軟に行動できる反面、正当性の確保が軽視されるきらいがある。

20　Deutsche Welle, "US Lost Respect under Bush, Former German Minister Says", http://www.dw-world.de/popups/popu_printcontent/0,,3407820,00.html ２００８年7月４日アクセス。

第3節　テロリズムの新たな傾向

第1節でテロリズムの特質として、物理的被害よりも心理的衝撃を重視する暴力行為であることを指摘した。だが、地下鉄サリン事件や9・11事件のような大規模テロリズムを経験した現在、この考えは、もはや時代に合わなくなったのではないかという疑問も出てくることであろう。地下鉄サリン事件では死者こそ20名以下だが負傷者は5000名を超え、深刻な後遺症に悩む被害者も多い。9・11事件では3000名以上の死者を出した。両方とも、1日の間に起こった事件である。これに対して、従来型のテロ事件としては、最も深刻なもののひとつであった北アイルランド紛争でも、1969年から2001年までの間で、総計3531名の死者数である。[1]

1件のテロ事案の犠牲者数の上限は、過去数十年間で急上昇してきている。具体的な数字を挙げれば、1983年にベイルートで米仏軍が連続して襲撃されて299名の犠牲者を出すまでは、最も犠牲者の多い事案は、1980年にイタリア・ボローナの駅爆破で85名の犠牲者を出したものであった。

その後、最大規模の事件は、１９８５年のアイルランド沖上空のインド航空機爆破であり、犠牲者数は３２９名であった。[2] そして２００１年の９・11事件の犠牲者数は３０００名を超えた。[3] このように、テロの被害が大規模化する恐れは、常に存在する。

暗殺や比較的小規模の爆破、人質を取ることがテロリズムの主な手段であった時代には、恐らく「物理的被害よりも心理的衝撃を重視する」ということに異論を唱える者は、いなかったであろう。だが、現代のテロリズムは、過去には考えられなかった大きな破壊力を持つ可能性がある。それは科学・技術の進歩や社会の変化がもたらした負の側面である。

被害の大規模化以外にも、グローバル化の影響やその他の今日のテロリズムに特有な現象がある。本節ではテロリズムの新たな傾向を考察し、テロリズムの本質は変わったのかを論ずる。

1　Sutton, Malcom, An Index of Deaths from the Conflict in Ireland, http://cain.ulst.ac.uk/sutton/index.html ２０１４年9月25日アクセス。

2　この事件と同じ日、成田空港でカナダ太平洋航空機からインド航空機に積み替え作業中の荷物が爆発し、作業員2名が死亡した。飛行中に爆発していれば、さらなる惨事であったことは間違いない。二つの事件は、同一組織の犯行である。

3　The French Republic, Prime Minister's Office, *Prevailing Against Terrorism – White Paper on Domestic Security Against Terrorism 2006*, p.9.

脆弱な社会と「兵器の新概念」

人口や社会機能が集中した現代社会には、多くの拠点（key-points of city）があり、そこが同時に弱点となる。たとえば、産業施設、人口密集地、交通機関、コンピュータ・ネットワークなどである。もしテロリストが、地下鉄サリン事件や9・11事件のように大規模な被害をもたらすことを企むとすると、このような標的を攻撃することが考えられる。そのうちの1カ所に打撃を受けただけでも、大きな被害が発生する恐れがある。これはテロリズムによる事件だけとは限らず、事故についても同様である。最も悲惨な例は、1984年にインドで発生したユニオン・カーバイド工場有毒ガス流出事故（ボパール化学工場事故）である。この件では、事故直後だけで3000名の死者を出し、その後、この事故が原因と見られる死者は1万5000名と見られている[4]。

産業施設、人口密集地、交通機関、コンピュータ・ネットワークを狙えば、あえて製造あるいは入手、使用が困難な化学兵器を使用する必要もないし、資金を捻出して、飛行機の操縦を習ったり、航空券を購入したりする必要もない。産業施設を狙うとすると、職員としてあるいは取引相手として内部に入り込み、警備のスキを衝いて故意に事故を起こせばよい。人が多く集まる施設や交通機関は、その性格上、不特定多数に開放されており、危険物を持ち込むことはたやすい。いわゆるサイバー攻撃であれば、単独でも技術を磨けば、身元を特定されることなく、コンピュータに重大な誤作動をさせることができる。

今日の世界では、それ自体は凶器とは認識されない日常生活の一手段が、使い方によって一度に多くの人命を奪う可能性が指摘されている。つまり、人を殺傷する兵器としてではなく、生活を豊かにする目的で生産されたものが、使い方次第で兵器に豹変する。これを「兵器の新概念」と言う[5]（戦時ではなく平時に使われるので、厳密には日本語では「武器の新概念」と言うべきかもしれない）。旅客機を大量殺人の凶器に使用した9・11事件は、その最たる例であるが、発想次第で類似の事件は可能である。たとえば前述のサイバー攻撃であるが、コンピュータ・ネットワークに侵入し、人命や経済に危害を加えることもすでに試みられている。食品や薬品のデータを改ざんして、人体に危険をもたらすには、成分の割合または量を示す数字の小数点をひとつずらすか、全体の数字のゼロを増減させるだけで十分である。

コンピュータ・システムに侵入してインフラを破壊する試みは、すでに１９８０年代に「実用段階」であった。米大統領顧問であった元空軍長官（Secretary of Air Force）の言によれば、ＣＩＡは当時のソビエト連邦のガス・パイプラインのコンピュータ・システムにウィルスを仕掛け、核爆発以外

4　"Rallies held over Bohpal Disaster", BBC News, http://news.bbc.co.uk/2/hi/south_asia/4064527.stm, 3 December 2004 ２００４年２月３日アクセス。

5　「兵器の新概念」は、軍隊が持っている兵器を改良する「新概念の兵器」とは本質的に異なる。喬良、王湘穂（坂井臣之助、劉琦訳）『超限戦』（共同通信社、２００１年）35－39頁。

では史上最も激しい爆発を起こさせたとされる。[6] コンピュータ・ネットワークが閉鎖的であった当時と異なり、インターネットの時代には、このようなウィルスを仕掛けることは、技術的にはるかに容易になっている。それだけでなく、被害が拡散する規模も大きい。

２０１０年、イランで同国のコンピュータの過半数に当たる6万台が「スタックスネット（stuxnet）」というウィルスに感染し、核兵器開発疑惑が持たれているナタンツの核施設に障害が発生した。「スタックスネット」はインド、インドネシア、中国、アゼルバイジャン、韓国、マレーシア、米国、英国、オーストラリア、フィンランド、ドイツにも広がった。[7] イランにおいては、ナタンツの遠心分離器約４８００基がすべて停止しているのが、国際原子力機関（International Atomic Energy Agency：IAEA）によって確認された。被害はブシェール原子力発電所にも及び、原子炉が制御不能に陥って放射能で汚染された大量の粉塵が大気中に飛散し、１９８６年チェルノブイリ原発事故に匹敵する大惨事に至る可能性があったとされる。[8] テロリストが「スタックスネット」に類似したウィルスを用いてインフラを破壊して、国民生活に重大な損害を与えたり、危険な物質を撒き散らして多くの人を殺傷したりするシナリオは、もはや架空のものではない。また、ネットの開放的性格上、そのようなウィルスは、テロリストの標的以外にも思わぬところに損害を与える可能性がある。有害物質を取り扱う施設を破壊し、その被害を拡散する大規模テロが、サイバー攻撃によって実行されることが懸念される。

人間に対してだけではなく、農作物や家畜への攻撃も、看過できない。[9] 農作物や家畜というものは、生育時期が同時であることや、集約されていることのために、被害の伝播が急速かつ広範囲になりがちである。たとえば、イネの籾蒔き期にカビを使えば、その生育を全国規模で妨げることが可能である。２０１０年に宮崎県で口蹄疫が発生したが、同県の畜産業は数年間、回復不能と言われた。口蹄疫を人為的に発生させて、類似のあるいはより大きな被害を農業に与えることも可能である。

農作物や家畜への攻撃には二つのパターンが考えられる。ひとつは人体に直接、危害を加えるものではないが、生産を落ち込ませ、多くの人の生活手段に打撃を与えたり、食糧不足に陥れたりするものである。もうひとつは、生産物が人体に有害な物質を含んで商品として流通するものである。この場合は、健康に大きな影響を与えなくても、風評が社会不安につながる恐れがある。

6　Klimburg, Alexander, "Mobilising Cyber Power", *Survival*, Volume 53, Number 1, February-March 2011, p.42.

7　Farwell, James p. and Rohozinski, Rafal, "Stuxnet and the Future of Cyber War", *Survival*, Volume 53, Number 1, February-March 2011, p.23.

8　共同ニュース、http://www.47news.jp/CN/201101/CN2011012701000181.html. ２０１１年5月11日アクセス。

9　このような攻撃をアグロ・テロリズム（agro-terrorism）と言い、事態を深刻に受け止めている米国土安全保障省は大学や研究機関に対策の提案を呼びかけている。US Department of Homeland Defense, Immediate Release, 12 December 2003.

大量破壊兵器関連のテロ

大量破壊兵器（Weapons of Mass Destruction：WMD）とは、一般に核兵器、化学兵器、生物兵器を指す[10]。大量破壊兵器を入手することで、テロリストなど少人数のグループや個人でさえも、多くの人々を殺傷したり、国家の中枢を脅かしたりする能力を持つことが理論上は可能となる。しかも、注意しなければならないことは、軍事目的と異なり、テロリズムに使われる可能性のあるものは、大量破壊兵器としては未完成なもの、あるいは大量破壊兵器とはみなされないものも含まれるということである。正確に言えば、大量破壊兵器ではなく、大量破壊兵器関連物質である。大量破壊兵器関連物質を使ったテロ事案の脅威とは、人命・施設の被害もさることながら、テロリストが大量破壊兵器に類似したものを保持し、使用することが可能であるというだけで、社会がパニックに陥る恐れが強いことである。

一般社会で合法的に所持することができる研究・産業目的の化学剤や生物剤も、威力の強い凶器となりえる[11]。すなわち、化学兵器禁止条約（Convention on the Prohibition of Chemical Weapons）上の化学兵器の範疇には入らない毒性ガス（塩素ガスは広く産業界に存在するが、第一次世界大戦で毒ガスとして使用されたほか、フセイン政権崩壊後のイラクでも武装勢力に使用された[12]）も存在するし、生物兵器とは認識されない毒物（トリカブトやフグの肝）も存在する。そこで実務家の間では、化学兵器、生物兵器と言う代わりに、化学剤、生物剤と呼ぶことが多く、本書でもこれに従う。また、放射性物質それ自体はもちろん核兵器ではなく、軍事的には兵器とも呼べない。しかし、これをテロリストが使用すると、物理的被害はともかく、心理的には大きな衝撃を与える。放射性物質を撒き散らす爆弾を、「汚い爆弾（ダーティ・ボム（dirty bomb）」と言う。テロリズムとは無関係と思われるものも含めて１７５件ある。[13]放射性物質を違法に持ち運ぶか、手に入れようとした事案は、１９９２年から10年間で、放射性物質を違法に持ち運ぶか、手に入れようとした事案は、

もちろん、大量破壊兵器そのものの使用の可能性も否定できない。ソビエト連邦が崩壊して、その核兵器や放射性物質の管理が極めて杜撰であることが明るみに出て久しい。[14]職を失った核兵器関連技術者が、ロシアから出国したと言われている。また、パキスタンから核兵器関連技術が、闇市場経由で外国に流出していたことも明るみに出た。[15]生物兵器の管理も杜撰だ。たとえば、アラル海（ウズベ

10　それぞれの兵器には厳密な定義があり、また、いわゆる通常兵器であっても、破壊力の大きなものがあるが、ここでは詳しく立入らない。
11　BBC News, "Chemical 'bomb plot' in UK foiled", 6 April 2004, http://news.bbc.co.uk/2/hi/uk_news/3603961.stm ２００４年４月６日アクセス。
12　BBC News, "'Chlorine bomb hits Iraq village'", 16 May 2007, http://news.bbc.co.uk/2/hi/middle_east/6660585.stm ２０１１年７月15日アクセス。
13　BBC News, "Analysis: Making a 'dirty bomb'", 10 June 2002, http://news.bbc.co.uk/2/hi/americas/2037056.stm ２００２年６月10日アクセス。
14　江畑謙介『江畑謙介の戦争戦略論Ⅰ中国が空母をもつ日』（徳間書店、１９９４年）１５０－54頁。

キスタンとカザフスタンにまたがる）に浮かぶヴォズロジデニヤ島（ボズロフデニエ島）は、生物兵器の実験場として使用されていたが、周辺住民への被害が報告されている（1971年には天然痘が流行した）。現在でも島は汚染され、生物兵器が貯蔵されているが、年々、水面が下降しており、岸とつながることが予想されていた。そうなると、貯蔵されている生物兵器がテロリストの手に渡る恐れがある。[16]現在ではアラル海そのものがほぼ消滅状態である。米国はウズベキスタン政府の了承を得て処理作業を行なったが、完全に処理し切れたかは不明である。このように、「無責任国家」の大量破壊兵器および関連技術は、その国が使用するよりも、むしろテロリストなどの非国家暴力集団に流れることの方が危険だと言える。

もちろん、テロリストが大量破壊兵器を製造したり、使用したりするのは、現在のところ技術的に困難である。また、既述のとおり、現代社会はテロリストに格好の凶器と標的を提供しており、大量破壊兵器を使用するまでもなく、大惨事をもたらすことが可能である。テロリストが大量破壊兵器を使用したとしても、必ずしも大きな被害を生じさせるとは限らない。だが、2001年の米国の炭疽菌郵送事件は、死者の数は一桁であったが、米国のみならず、世界中に「白い粉」に対する不安を撒き散らした。面白半分に、小麦粉を送りつける犯行が頻発した。つまり、テロリストが大量破壊兵器を効果的に使用できると、できざるとにかかわらず、その可能性だけで、社会に精神的衝撃を与えるに足るのである。また、将来、テロリストによる大量破壊兵器使用が技術的に容易になれば、今以上に大規模テロの可能性は現実味を帯びてくる。[17]

大規模テロリズムの衝撃

現代社会の急所を攻撃するテロリズムであれ、大量破壊兵器関連のテロリズムであれ、大規模テロリズムの可能性は、今に始まったものではなく、核施設を狙ったものも含め、過去数十年にも遡って関心を集めていた。[18] それでも、一般の事故と同じか、それ以下の頻度・規模であれば、物理的損害は、社会による衝撃吸収が可能であるとされていた。[19] たしかに、地下鉄サリン事件や9・11事件のように、千名単位の被害者を出しても、日本でも米国でも、被害者の家族・友人の苦難は計り知れないが、大多数の人々の生活はまもなく元に戻った。というより、事件にショックを受けても、社会全体として

15　ダグラス・フランツ、キャスリン・コリンズ（早良哲夫訳）『核のジハード』（作品社、2009年）参照。
16　Tucker, Jonathan B. and Zilinskas Raymond A. (ed.), *The 1971 Smallpox Epidemic in Aralsk, Kazakhstan, and the Soviet Biological Warfare Program*, Monterey Institute of International Studies, center for Nonproliferation Studies, Occasional Paper NO. 9, July 2002, pp.1-11.
17　このような大量破壊兵器関連物質すなわち化学（Chemical）剤・生物（Biological）剤・放射性（Radioactive）物質・核（Nuclear）兵器を使ったテロリズムを、その頭文字を取ってCBRNテロと称することがある。
18　Jenkins, Brian M., *High Technology Terrorism and Surrogate Warfare* (California, Rand, 1976), pp.9-10.
19　Macheling, L. and Alexander, Yonah, "Security Risks to Energy Production and Trade", Alexander, Yonah and Ebinger, C.K. (ed.), *Political Terrorism and Energy* (New York, Praeger, 1981), pp.108-09.

の実質的な生活に影響を受けなかった。

だが、テロリズムにおいて、この考え方の前提、すなわち物理的損害が「一般の事故と同じか、それ以下の頻度・規模」にとどまるとは限らない。一般の事故は、そう頻繁に起こるものではないが、意図された大規模テロリズムが頻発すると、当然、損害は累積される。また、大量破壊兵器を効果的に使用されると、人類が未だ経験したことのない大惨事の可能性も否定しきれず、社会機能の復旧に要する時間と労力は予測できない。2011年東京電力福島第一原子力発電所事故（以後、東京電力福島原発事故）は、テロ事件ではなく、直接の死者や重傷者は出ていないものの、原子力災害が社会に与える影響の大きさを実証した。この事故は住民の避難や農産・水産物の規制といった実害や、いわゆる風評被害など国民に不安感をもたらしている。また、日本製品の輸入制限や日本を訪れる外国人の減少に見られるように、国際的な影響も大きい。何よりも不気味なのは、いつになったら事故が収束するのか見通しが立たないこと、どこまで汚染が拡がっているのか不明なこと、そして将来の健康被害の不安（特に子どもの将来の健康）が払拭できないことである。東京電力福島原発事故は、放射性物質テロリズム（Rテロリズム）が実行された場合の惨状を、十分に見せつけたものと言えよう。

テロリストは大量破壊兵器の入手により、理論上は諸国を脅迫し、国際社会を機能不全に陥れる能力を身に付けることが可能である。一度、地下鉄サリン事件や9・11事件のような事件を起こし、テロリストの要求が受け容れられなければ、2度目の事件を実行すると脅迫する、「国民を人質に取る」シナリオが考えられる。モートン・カプラン（Morton Kaplan）は、一国でも反対すれば機能不全に陥る国際関係を、単位拒否権（unit veto）システムと呼んだ[20]。このシステムは歴史上前例がないが、すべての国家が核武装した場合などを研究者は想定していた。国家ではなく、テロ組織が国際社会のコンセンサス形成に拒否権を持つ世界の出現も、あながち空想の世界だけのことではなくなったと言える。

テロリストにとっての大規模テロリズムの有効性

以上述べたように、大規模テロリズムの脅威は深刻に受け止めなければならないが、テロリストの立場に立つと、大規模テロは政治目的達成のためには必ずしも効果的な手段とは言えず、一定の歯止めがかかるとも考えられる。それは、テロ・グループが支持を求める住民の間にも、多くの被害者を出す可能性が大きく、グループの目的からすれば、逆効果となるからである。暴力と脅しのみで理想の社会を実現することは不可能である。破壊はできても、建設はできない。換言すれば、グループが必要とする正当性を失う。テロリズムを行なう者が政治権力を握ることを狙っている場合、あまりに

20　Kaplan, Morton A., *System and Process in International Politics*（New York: John Wiley & Sons, 1957）, pp.21, 50-52. もっとも、カプランは、国際テロ組織までは想定していなかったと考えられる。p.20.

も多くの人命を殺傷したのでは、住民の反発を招き、権力を握ることが難しくなる。これはグループの内紛にもつながりやすい。

従来型のテロリズムは、1回あたりの被害の規模こそ小さいが、その頻度は、大規模テロリズムとは比較にならないほど高い。つまり、絶え間なく活動を続けることができる。また、標的となる被害者を特定することによって、闘争目的をアピールできる。大規模テロリズムの場合は、周到な準備と多額の資金とが必要であり、作戦が失敗すれば、テロ組織にとって大きな損失となる。不特定多数の人を巻き込むので、潜在的な同調者までも敵に回す可能性が強い。したがって、組織にとっての効率や政治的効果を考慮すると、大規模テロリズムよりも従来型のテロリズムが有効であり続けると考えられる。

問題は、人々の支持を求めず、恐怖心を巻き起こすことに満足するテロリスト、あるいは自暴自棄となったテロリストである。大規模テロリズムに関心を持つのは、このようなテロリストであり、特に警戒を要する。２０１１年にノルウェーで発生した爆破および銃撃事件は、反イスラム・反移民的動機を持った単独犯によるものであり、数年をかけて周到に準備していた。単独犯によるものとしては、テロ史上最大の77名の犠牲者を出した。

だが、大規模テロリズムにおいても、心理的衝撃を重視しなければならない点は、他のテロ事案と同様である。大規模テロリズムと言っても、心理的闘争手段であることに、違いはないのである。したがって、我々の反応次第で、事件の影響を拡大する恐れもあれば、局限することもできるのである。

被害対策の重要性

大規模テロ対策として、いわゆる被害対策（consequence management）[21]が重要である。大規模テロ事件は、日常、発生する事件・事故に比較して、被害者数が多数であったり、被害原因が特殊であったりする。そのために、さまざまな機関から多くの人員を動員する必要がある。各機関における訓練・装備の充実は言うまでもなく、関係機関同士の意思疎通や役割分担を円滑に行なうために、平素から共同演習を実施しておき、問題点を発見、改善することが欠かせない。２００５年以来内閣官房が主催して実施している国民保護訓練は、このような趣旨に沿ったものである。

最近はこの種の演習が、国、地方、民間のそれぞれのレベルにおいて頻繁に行なわれている。往々にして、メニューを消化するだけの演習があると聞くが、問題点を認識するような意識の高い演習が望ましい。そのひとつとしてブラインド型訓練といって、参加者に予めシナリオを提示せずに行なわれるようになっている。

また現実に発生したテロ事件や事故の不幸な体験は、原因や対応をしっかりと検証しておくべきである。どんなに周到に計画された演習でも、見落としがあるのが常であり、実例は貴重な教訓を提供

21　被害管理、結果管理あるいは災害救助と訳されることもある。

してくれるからである。

テロリストが生物剤や化学剤を使用したとしても、使用方法が未熟で、完成度が低い粗雑な物質を使用する可能性が高い。そこで被害対策をしっかり立てておけば、実際に大規模テロ事件が発生しても、被害を最小限にとどめ、テロリストが企図する社会的パニックに陥ることを避けることができる。

大量破壊兵器関連物質を使ったテロ事件では、通常の事件・事故とは異なる「特殊な災害」であるので、救助にもそれなりの知識・技術が要求される場面がある。地下鉄サリン事件では、捜査・救護関係者が、1次被害者から蒸発したサリンを吸って、2次被害者となった。化学事案と同様、生物事案、放射性事案でも、捜査・救護関係者の罹災防止は必須である。

テロ事案のためだけの特殊災害救助対策を立てることは、予算、人員面からも難しいし、その必要もない。標準的危機管理原則が大量破壊兵器関連のテロ事案でも適用可能である。換言すれば、あらゆる災害救助対策には重なり合う部分があり、特殊な災害はテロ事案に限らない。災害に応じて補完的手段を講じることで、ほとんどの場合に対応できると考えられている[22]。生物テロリズムと感染症対策には共通部分があり、これは化学テロリズムや化学災害、放射性テロリズムと放射性災害においても同様である。いずれにしても、被害者の救護と社会機能の回復を行なわなければならず、その作業の基本に大きな違いはない。テロリズムによるものであると一般災害であるとを問わず、災害全体に対して社会が被害を局限し、その機能を維持する能力を向上させることが期待される。

グローバル化とテロリズム――1　ヒト、モノの自由な流れ

いわゆるグローバル化[23]も、今日のテロリズムを助長する要素となっていると考えられている。グローバル化には、二つの要素が考えられる。ひとつはヒト・モノ（情報・カネを含む）の地球規模での自由な流れである。交通、通信手段の発達は、短時間かつ大量のヒトやモノの流れを可能にした。テロ容疑者がサウジアラビア、ドイツ、米国、あるいは英国、パキスタン、オーストラリアと移動した例があるし、日本にもアル・カイダ関係者とされる仏国籍の男が潜伏していたことがある。この男はボスニア・ヘルツェゴビナ国内での殺人事件等に関連して、国際刑事警察機構（International Criminal Police Organization：ICPO）から手配されており、ドイツで逮捕されたことから日本での潜伏が明るみに出た。

また、先進諸国では、移民や外国人労働者、留学生の数は、飛躍的に増加しつつある。日本においても、外国人はもはや目立つ存在ではない。国外に移り住んだ人々の社会、いわゆるダイアスポラ

22　世界保健機関（長崎大学ＷＨＯ－ＲＥＭＰＡＮ協力センターおよび株式会社医療電子科学研究所訳）『生物・化学兵器への公衆衛生対策：ＷＨＯガイダンス－第2版』（２００４年）17、45－47頁。

23　グローバル化とテロリズムについては、片山善雄「グローバリゼーションとテロリズム」（『海外事情』第61巻9号、２０１３年9月）29－41頁を参照されたい。

（diaspora）の中には、テロリストに同調し、さまざまな支援を与える者がいる。このような状況を背景に、テロリストが犯行に必要な知識を得、一般市民に紛れて互いに連絡を取り合ったり、移動したり、あるいは資金・凶器を調達したりすることが容易になった。

テロリズムが地球規模で発出した例を挙げる。１９８５年にトロント発ボンベイ（現在のムンバイ）行きインド航空機がアイルランド沖上空で爆発、墜落して、乗客乗員３００名以上が死亡した。同じ日にトロント発東京行きのカナダ太平洋航空機に積まれた荷物が、新東京国際空港（当時の呼び名、現在は成田空港）で、ボンベイ行きインド航空機に積み替え中に爆発し、日本人作業員が死傷した。これらの事件では、カナダ在住のシーク教徒が有罪となった。さらに、この事件の証人になるはずであったシーク教徒がロンドンで１９９５年に殺害され、その友人もバンクーバーで１９９８年に殺害された。この二つの殺人事件の真相は不明であるが、１９８５年の航空機爆破事件に関係があるのではないかという憶測が流れた。[24]移民社会の陰の部分を象徴するようなできごとである。グローバル化がますます進展している今日、テロリストが移民社会や世界的交通網を利用して事件を起こす蓋然性は高い。

情報の流れに関しては、インターネットやビデオ・ＤＶＤの普及により、テロリズムを賛美する思想が出回っている。ビン・ラディンやかつてアル・カイダのナンバー2でありビン・ラディン後に指導者となったアイマン・アル・ザワヒリ（Ayman al-Zawahiri）のメッセージが一部のイスラム教徒を刺激したり、アル・カイダと直接のつながりはなくても、彼らに感化された過激派による暴力の扇動が行なわれたりしている。むしろ今日では、アル・カイダ首脳よりも、ウイルスのように増殖した第2世代、第3世代が扇動していると考えられる。特にインターネットは、テロリストにとって効果的な武器となっている。主張を訴える、新規メンバーを勧誘する、仲間同士で連絡を取り合う、武器の製造・使用方法を学ぶ、物資を調達する、犯行声明を出すなどが、テロリストがインターネットを利用する理由である。高度な技術を持つテロリストには、当局のサイトを妨害したり、情報を盗んだりすることが可能である。人質の処刑シーンを動画で配信して、残忍さを露わにしたのが、「イスラム国」である。

ネット情報がテロ行為を誘発した例もある。2011年、フランクフルト空港で銃を乱射し米兵を殺傷した犯人は、何ら背後関係はなく、YouTubeでアフガニスタンの一般家庭を襲撃する米兵のビデオを見て、米兵のアフガニスタン派兵を阻止することを思い立ち、犯行に至った。事件の担当検事は、ネット上におけるイスラム過激派の潜在的なプロパガンダ能力を指摘している。ちなみに、このビデオは偽物であった[25]。

カネについては、電子的方法により、外国への送金が容易になった。テロ資金規正の方法として、

24 BBC NEWS, "Call for police to solve Sikh murder", http://news.bbc.co.uk/2/hi/uk_news/4354435.stm, 17 March 2005

25 http://www.dw-world.de/dw/article/0,,14889904,00.html ２０１１年３月７日アクセス。

送金依頼者の身元がしっかりしていなければならず、送金先がテロ組織あるいはテロリストとして指定されていれば、送金できないことになっているが、この網をかいくぐって、一部のカネがテロ資金として利用されている可能性はある。

日本でも、不審とまでは言えないかもしれないが、不自然な送金、たとえばパキスタン人によるサウジアラビアへの送金などが確認されている。これは、日本在住のパキスタン人がサウジアラビアへ出稼ぎに出かけ、その者に日本から家族・友人が送金しているのである。通常は、出稼ぎに出かけた者が、残してきた者に送金するものであって、その逆のパターンで、しかもイスラム過激派の拠点のひとつとされるサウジアラビアへの送金であるから、関心を引いている。

グローバル化とテロリズム――2　傷つけられた誇り

グローバル化のもうひとつの要素は、民主主義、市場経済などの価値の普遍化である。価値の普遍化とは、ある優勢な価値が、他の価値を凌駕することである。現代の世界では、これは欧米化（westernisation）[26]の色彩が強い。イスラム的価値を重視する者が、欧米的価値・生活様式の流入に反発を感じたとしても不自然ではない。イスラム諸国には欧米的価値・生活様式が流入し、一方、欧米で暮らすイスラム教徒は現地の文化や制度の影響を受ける。イスラム教徒女性の服装に関する規制などはその例である。

小川忠は、グローバル化によって多くの人々が誇りを奪われたと説明する。グローバル化は「伝統社会の構造を揺るがし、伝統社会の共同体の輪から放りだされた人々は、今まで親しみのない異なる価値、生活様式、文化に直面する。こうした余裕のない状況にあって、人々は他者に対する寛容性を失い、異文化に対する敵意を募らせる」のである。このように小川は、グローバル化は経済的格差だけでなく、「誇りの不平等」ももたらしたとする。[27] 誇りを傷つけられた者は、物質的代償には満足せず、中には暴力に訴える者が出現する。「誇りの不平等」自体はグローバル化の以前から、あるいはグローバル化に関係なく人の意識に存在したのだろうが、グローバル化の負の側面として、「誇りの不平等」もグローバル化したと考えられる。

この「誇りの不平等」という視点は、テロリズムや暴動などの政治的暴力の動機を解明するのに、一助となろう。貧困が主な動機であれば、当人は窃盗、強盗を行なうはずであり、金銭的には得るところがないどころか、かえって持ち出しになるテロ行為に及ぶことはないはずである。まして、自爆テロ事件は、当人が死亡するのであるから、経済的動機からは説明できない。サダム・フセインイラク大統領（当時）が、自爆テロリストも含め、２０００年から２００３年の間に、イスラエルに対す

26　「西洋化」と訳すと19世紀的な印象を受けるので、「欧米化」と訳した。英語ではともに「Westernisation」である。
27　小川忠『テロと救済の原理主義』（新潮選書、２００７年）１９６－98頁。

る武装闘争で死亡したパレスチナ人の家族に「見舞い金」の支払いを行なっていた時期があるが、[28]これが武装闘争の主たる動機であるとする根拠は乏しい。対イスラエル武装闘争は、１９６０年代末から発生している。９・11事件をはじめ、バリやロンドンにおける自爆テロ事件の実行犯の家族に「見舞い金」が支払われた形跡はない。殉教者意識や欲求不満等の精神的要素が、テロリズムの主たる動機ではないだろうか。そしてこのような精神的要素の背後にあるのが、「誇りの不平等」と考えられる。[29]

自分自身の傷つけられた誇りだけが、テロリズムと結びつくのではない。イスラム教徒には、イスラム教徒全体を共同体として捉える傾向が強いが、共同体の一員が不当な扱いを受けていると感じると、共同体の防衛のために、イスラム教徒の務めとして暴力に及ぶことも考えられる。特に、中東（イラク、パレスチナ）であるいは南アジア（アフガニスタン）で高齢者、女性、幼児などの物理的弱者を軍事力によって殺傷されれば、自分自身の傷つけられた誇りと相まって、何らかの行動を起こさざるをえないと感じる血気盛んな者が出現しても不思議ではないとされる。[30]しかも、メディアの発達により、イスラム教徒の惨状は世界中に瞬時に映像で伝わる。遠くの国で起こったことであっても、身近に感じるのである。

もちろん、怒りがそのままテロリズムに直結する訳ではないし、イスラム教徒が暴力を賛美する傾向が強い訳でもない。イスラム教と言えば、「目には目を、歯に歯を」と、復讐を奨励していると誤解されがちだが、実はイスラムの教えは過剰な復讐を戒めているのである。実はコーランでは、報復にも「比例性」を求めているのであり、たとえば味方が一人殺されれば、敵の同格の者を一人殺せばよく、100人も殺すことはないと説いている。[31]

筆者はかつてある組織から、全イスラム教徒に占めるテロリストの割合に関して照会を受けたことがある。地域性も考慮に入れず、そのような数字を出すことが無意味であると照会元に説明し、納得してもらった上で、全世界のイスラム教徒人口を8億と推定し（今日では15〜16億人説もある）、米国務省が毎年発行しているPatterns of Global Terrorism（現在はCountry Reports on Terrorismと改名）に記載されているイスラム・テロ・グループの構成員の当時の数年分の平均をとって3万人とし（これ自体大雑把な数字であるが）、全イスラム教徒に占めるテロリストの割合は、0・00375％と算出したことがある。イスラム・テロ・グループの構成員を8万人と過大に見積もって、やっと0・01％である。他の社会集団に比べてその比率が多いとしても、およそイスラム教徒が暴力的であると示す数字ではない。

28　BBC News, "Palestinians get Saddam funds", 13 March 2003, http://news.bbc.co.uk/go/pr/fr/-/2/hi/middle_east/2846365.stm　2009年9月2日アクセス。
29　経済格差が「誇りの不平等」を生むことは、大いにありそうである。
30　内藤正典『イスラムの怒り』（集英社新書、2009年）19、26－27、44－45頁。
31　『コーラン』（井筒俊彦訳）（岩波文庫、1957年）上巻43頁。

イスラム教徒によるテロリズムの問題だけではなく、なぜテロリストが生まれるのかという問いは、テロリズム研究の根源的な問いである。社会的不公正に怒りを感じても、多くの者は暴力に走ってはいない。海ガメや魚の産卵に似て、偶然の要素にも助けられて、わずかな確率でテロリストに「成長」するのであろう。グローバル化の負の産物である「誇りの不平等」は、テロリズムの種子を宿しているが、それがどのような過程でテロリズムに結びつくのか、明確な因果関係は証明しづらい。個々のテロリストの発生過程を解明してテロリストになる者を減らす作業と、「誇りの不平等」を軽減する方策を考える作業を同時に進めるべきであろう。

グローバル化時代のテロ対策

グローバル化による「誇りの不平等」に怒りを感じた者のごく一部が、テロリズムなどの暴力的手段に走る。周囲の者に扇動されることもあるが、インターネットやＤＶＤによって扇動されることもある。事件を起こすために、凶器の製造・使用方法をネットやＤＶＤによって習得したり、統治能力の低い国へ出かけて行って習得したりする。地元で凶行に及ぶとは限らず、外国で攻撃を行なうことも珍しくない。事件を起こすと、犯行声明を映像で配信する。メディアも、事件やその背景を世界中にセンセーショナルに報道し、結果的に事件の衝撃を大きくしてしまう。

このように、「グローバル化に由来するテロリズム」は、逆にグローバル化を大いに利用して今度は「テロリズムのグローバル化」を助長する。換言すれば、テロリズムとグローバル化の悪循環である。この悪循環を断ち切るために、テロ対策もグローバル化しなければならない。特定の国々だけが規制に成功しても、テロリストは看視・警戒の緩い国々に付け込む。すべての国が協力することによって、テロリズムをより効果的に封じ込めることが可能になる。

第1に、「誇りの不平等」を軽減するために、異なる社会集団の統合、あるいは逆に住み分けが必要である。たとえばイスラム対欧米といった固定観念を排し、異文化理解を相互に促進して社会全体をまとめる一方で、各々の集団の独自性を維持するという、一見、二律背反的な目標を追求することになる。社会集団間における経済格差の是正も重要である。

第2に、好ましくないヒト・モノの流れを規制することである。テロ組織と指定された団体への送金阻止や、テロリズムへの関与が疑われる人物の航空機搭乗制限、さらに一般的な出入国時のチェックなどが有効とされる。また、ネット上のテロ関連情報の規制も、法的・技術的に容易ではないが、発見次第、速やかに削除できるシステムの構築が望まれる。また、そのような情報に頻繁にアクセスする者の監視も実行したいところである。

第3に、取り締まりのグローバル化である。各国の法執行当局や情報機関等、関係諸機関の協力関係を強化し、テロリストを地球規模で制圧する体制作りが必要になってくる。悪事を働く人間は、世の中の進歩を先に利用するものであり、それを当局が追いかけて、対策を講じるというのが、通常のパターンである。だが、創造性を生かして、テロリストの行動に柔軟かつ迅速に対応できるようにするのが国際協力のあり方である。

テロ対策のグローバル化には、穴が空いていてはならない。多くの国々が効果的なテロ対策を実行していたとしても、テロリストは取り締まりの弱い国を拠点にして活動する。国家間関係の良し悪しにかかわらず、全世界的な対テロ・ネットワークの構築が理想である。特定の国々だけで軍事的脅威を対象にする同盟とは、根本的に異なる点である。ここで問題となるのは、統治能力に欠けた国家である。

破綻国家の出現

いわゆる破綻国家（failed state 失敗国家とも言う）の出現は、テロリストに活動拠点を与える源となる。東西対立（冷戦）期には、米ソが勢力圏争いを行ない、天然資源や地理的要衝などにかかわりなく、途上国に干渉したり援助を行なったりしていた。ところが、「冷戦終結」とともに勢力圏争いも終わり、利用価値のない国は国際社会から見捨てられるようになった。そのような国家の中には統治能力に乏しい国家があり、これが破綻国家と呼ばれるようになった。アフガニスタンやソマリアは、その先駆けである[32]。

テロ対策の基本は、各国がその領域内でテロ活動を規制することである。世界のすべての国が、責任を持ってテロリストを取り締まることができれば、テロリズムの脅威は低くなる。だが、現実には、治安維持能力に問題のある国が少なくない。特に、破綻国家はテロリストに格好の活動拠点を提供する。テロ活動の規制どころか、出入国管理や住民の把握すらおぼつかない。国際協力を行なうにしても、破綻国家が統治能力を持ち、自立できるか否かは、その国の国民の意思と能力にかかっている。外国による支援には、限界がある。支援のしかたを誤ると、かえって状況を悪化させかねない。

アフガニスタンにおけるアル・カイダは、「北部同盟」と内戦を戦っていたタリバンに、豊富な資金力と戦闘力を提供することによって、タリバンに強い影響力を持った。やがて、一種の自治を得た状態となった。故国サウジアラビアから追放されたビン・ラディンだが、アフガニスタンに活路を求めて、アル・カイダの拠点を作り上げたのである。ビン・ラディンを、危険な「寄生虫」にたとえる論者もいる[33]。初期には「宿主」タリバンの保護を受け、同時に利益を与えて「共生」していたが、やがてタリバンの体内を食い荒らし、腹を破って外に出て来て、後に宿主タリバンの死体を残した、というのである。一時は、タリバン政権崩壊後も、ビン・ラディンやザワヒリなどは、依然として混迷しているアフガニスタン領内にいるのではないかと見る向きもあった[34]（実はパキスタンに逃げ込んでい

32　アフガニスタンには豊富な地下資源があることが、明らかになった。*New York Times*, 13 June 2010.
33　高木徹『大仏破壊』（文春文庫、２００７年）１８４頁。
34　Schulthies, Rob, *Hunting Bin Laden* (New York, Skyhorse Publishing, 2008), pp.154-59.

た)。

破綻国家は、テロリズムに関する限りは、専制国家よりも危険である。後者は国内での諸々の活動を、人権を無視してでも押さえ込めるからだ。専制国家においては、政府の意に沿わない武装集団が存在することは、極めて難しい。イラクではフセインが政権の座にあった間は、全土を掌握していた訳ではなかったとは言え、秩序は保たれていた。だが米軍等の侵攻による政権崩壊後、イラクは無秩序状態となり、国際社会にとっても、以前よりも危険になった。イラク土着の武装勢力に加えて、アフガニスタンを追われ、パキスタンに逃げ込んだアル・カイダの一部も、イラク領内に拠点を作って立て直しを図っていると、米国政府筋は見ていた。[35] はたせるかな、アル・カイダとは袂を分かったが、アル・カイダ以上に強力な武装集団(「イスラム国」)が出現した。

民主主義を実行するには、それにふさわしい社会的条件が前提となる。その前提を欠く国に民主主義を導入しても、機能しない。外国から強要された民主主義など概念上の矛盾である。民主主義とは、みずから醸成してゆくものである。外国軍隊による庇護がなければ存続すら危うい、形だけの民主主義国家よりも、専制国家の方が秩序を維持する能力に長けており、国内は安定している。

また、破綻国家の中には、産出する貴金属がテロリストの資金源となっている国家もある。アル・カイダは西アフリカのダイヤモンド、アフガニスタンのエメラルド、タンザニアのタンザナイトなどの取引によって利益を上げていたとされる。シエラレオネには、法律の存在しない「真空地帯」があり、そこでダイヤモンドの取引が行なわれたとのことである。[36]「イスラム国」は原油の密売で資金を作っている。

破綻国家とまでは言えないが、効果的な司法制度・機関を持たない国では、テロリストが暗躍する余地が大きくなる。効果的な司法制度・機関の整備は、一朝一夕に完了する事業ではなく、また当該国の意思に反して、物理的に強制できる性質のものでもない。国際社会と当該国との協力の下、粘り強い努力が肝心である。詳細は後の章に譲るが、ソロモン、インドネシアなどへ、各国が警察顧問を派遣し、現地国とともに治安維持能力の向上に努めているのがその例である。

犯行の匿名性

最近のテロ事件においては、犯人が犯行声明や要求を出さないことが少なくない。そのため、誰によって計画・実行されたのか、何が目的なのか不明で、破壊や殺戮そのものが目的ではないかとすら思える事案も珍しくない。このことは、特にアル・カイダ系のテロ犯に顕著である。二つの理由が考えられる。ひとつは、リーダーとされるビン・ラディンが、匿名性を好んだこと、もうひとつは、ア

35　BBC News, "Al-Qaeda 'stepping up US efforts'", 17 July 2007, http://news.bbc.co.uk/2/hi/americas/6903056.stm
36　ダグラス・ファラー（竹熊誠訳）『テロ・マネー』（日本経済新聞社、２００４年）85－89、１１６－17頁。

ル・カイダ系のテロ・グループは「分家化」しており、統一の指揮・方針で活動していないことである。

センセーショナルな事件を起こしておきながら、ビン・ラディンは関与を否認するか、かなり時間が経過してから、犯行を認める傾向がある。9・11事件を起こしたことをビン・ラディンが認めたのは、事件から3年経過した2004年10月、中東の衛星テレビ局アル・ジャジーラ（al-Jazeera）で放映されたビデオの中でだとされている。[37]ビン・ラディンは、宗教の分野での活動の拡大や、民兵組織の創設、宣伝媒体の発展だけでなく、企業の設立、違法薬物の取引、兵器の闇取引、偽札作りなど、経済関連の分野をも侵食していると考えられている。虚名を求めず、実際の効果を重んじるやり方は、アル・カイダの特徴とされる。[38]そうであるならば、アル・カイダは単なるテロ組織と言うより、テロ部門を抱える宗教組織（邪教組織）と言うべきかもしれない。

また、アル・カイダ系のテロ・グループには、パキスタンに潜んでいたビン・ラディンやザワヒリなどの中枢のほかに、中東、北アフリカ、東南アジアに根付いた組織性を有するグループ、世界の各地域に散らばる少人数から成るグループがある。アル・カイダ中枢と他のグループとの関係は、提携関係から単なる模倣に至るまでさまざまである。[39]このような分家化のために、アル・カイダ系イスラム・テロ・グループは垂直構造ではなく水平に分布しており、独自性が強い。事案によって、ビン・ラディンあるいはアル・カイダ本体の関与の度合いもまたさまざまであると考えられる。2008年の段階で、米中央情報局（Central Intelligence Agency：CIA）のヘイデン（Michael Hayden）長官（当時）

は、ビン・ラディンはアル・カイダの活動から隔絶していると述べている。[40]

アル・カイダは分家化が進んでいるので、誰でもアル・カイダとつながりのあるグループからテロリストとしての訓練を受けることができ、爆弾を仕掛けることによってアル・カイダに加われるとする論者もいる。[41] このように、アル・カイダという用語自体、ビン・ラディンが創った組織を離れて、一種の武装闘争、すなわちイスラム急進思想にけしかけられた、世界規模のテロリズム（Global Islam-inspired terrorism）を指す用語になりつつある。イスラム過激派の多様化のため、上層部の間で接触はあったにせよ、ビン・ラディンの死亡以前に、すでにポスト・ビン・ラディン時代となっていたのである。アル・カイダ系のイスラム・テロ・グループに統一的な戦略や核となる組織は存在しないというのは、大方の一致するところである。これも犯行の匿名性の一因と考えられる。

37 BBC NEWS, "Bin Laden video threatens America", http://news.bbc.co.uk/2/hi/middle_east/3966741.stm, 29 October 2004 ２０１１年7月26日アクセス。

38 喬良、王湘穂（坂井臣之助、劉琦訳）『超限戦』１６６－68頁。

39 The French Republic. Prime Minister's Office, *Prevailing Against Terrorism – White Paper on Domestic Security Against Terrorism 2006*, pp.21-23.

40 "Bin Laden 'cut off from al-Qaeda'", http://news.bbc.co.uk/2/hi/americas/7728551.stm ２００８年11月14日アクセス。

41 Rashid. Ahmed, "Osama's Death: What next for al-Qaeda?", http://www.bbc.co.uk/world-us-canada-13257441?print=true ２０１１年5月16日アクセス。

犯行の匿名性による問題点は以下のとおりである。第1に、何らかの政治的背景はあるにせよ、具体的な目標が明らかでなければ、問題の政治的解決・交渉は難しい。第2に、テロリストは政権奪取を目指しておらず、また、往々にして国外から潜入してくるので、地元住民の共感を得ることが必要ではない。したがって、暴力に歯止めがかからない恐れがある。第3に、犯人や動機について推測の域を出ないということは、当局側が事件を悪用する可能性もある。すなわち、政府に都合のよいように世論を誘導して、選挙に利用したり、政府を批判しにくい風潮を作ったり、海外での軍事行動の口実を設けることが考えられる。

自爆型の犯行

必ずしも新しい現象とは言えないが、自爆型の犯行は、テロリストが企図した成果を上げる確率が高い。実行犯が目標に接近あるいは到達してから、自分の判断で「スイッチを入れる」からである。時限式装置を使ったり、狙撃したりするよりも、確実に殺傷できる。また、逃走を考える必要がないので、最適のタイミングを捉えることができる。自爆型のテロリズムが威力の強い爆弾や大量殺戮の手段と結びつくと、大惨事をもたらす。地下鉄サリン事件で、もし実行犯が逃走を考えず、降りる直前ではなく、電車が駅を発車してすぐ、駅と駅との間でビニール袋に穴を開けていたら、被害はさらに大きくなっていたであろう。

ベイルート米海兵隊司令部爆破事件（1983年）、ラジブ・ガンジー（Rajiv Gandhi）インド元首相暗殺事件（1991年）、９・11事件、バリ島クラブ等爆破事件（2002年および2005年）などが有名だが、スリランカ、パレスチナ、イラクも自爆型テロリズムの頻発地帯であった。自爆型テロリズムとしては、今日ではイスラム過激派によるものが最も顕著である。これはまずイランのイスラム革命的シーア派世界で作り出され、それがヒズボラ（Hizballah）によってレバノンに移植され、ハマスによってパレスチナにもたらされることによってスンニ派の闘争手段となり、アル・カイダにたどり着いて９・11事件という極点に達したと説明する論者もいる。[42] 同事件から10年以上を経た後も、イスラム過激派による自爆型テロリズムは止む気配がない。アル・カイダからタリバンや「イスラム国」などに受け継がれたかのような感がある。

自爆型のテロ犯で、最も大きな災禍をもたらした者は、９・11事件の犯人たちである。彼らは、航空機の着陸方法を習得することなく、機体をミサイルに見立てるかのように、目標の建物に突入した。戦闘機が緊急発進して、ハイジャック機に追いついたとしても、自爆を意図した犯人に対しては、警告、誘導は役に立たない。あえて行動を妨害すれば、犯人は目標を変更して、突入を図るであろう。かりに撃墜しても（非常に難しい判断だが）、今度は地上に被害を出す可能性が高い。自明のことだが、

42　ジル・ケペル（丸岡高弘訳）『テロと殉教』（産業図書、2010年）74頁。詳細は第2、第3章を参照。

乗客乗員は犠牲になる。自爆犯にハイジャックされてしまえば、あるいはパイロット自身が自爆を試みれば、平穏に事態を収拾することはほぼ不可能である。

自爆テロ犯を取り押さえるのには、大変な危険が伴う。自爆テロ犯は自分が追尾されていることに気が付けば、目標に到達していなくても、爆弾を爆発させる可能性が高い[43]。したがって、捜査員は自爆テロ犯に気付かれることなく（もちろん、声を掛けるのは危険である）、取り押さえなければならないが、その時、爆弾のスイッチを入れる余裕を与えてはならない。したがって、警告なしに銃を使用することになるが、手や足を撃ったのでは、スイッチを入れられてしまう。胴体を撃つと、爆弾に当たる恐れがある。頭を狙わざるをえない。すなわち、自爆テロ犯は射殺するのが、最も確実に取り押さえる方法なのである。だが、一人だけで撃つと、はずした場合に極めて危険なので、複数の捜査員が撃たなければならない。

だが、外見からどのようにして、自爆テロ犯と判断できるのか。２００５年7月、地下鉄・バス同時爆破事件（7日）および未遂事件（21日）の記憶も新しいロンドンで、テロリズムとはまったく関係のない一般市民が、自爆テロ犯と誤認されて自宅から捜査員に追尾され、駅構内で射殺された事案があった[44]（22日）。かりにテロ組織のメンバーであっても、情報だけに基づいて、自爆テロを実行する意思があると決定するのは、一種の賭けである。たとえば警察官の武器使用に厳格なわが国で、警告なしの致命傷を与える射撃が可能かといえば、難しいと言わざるをえない。

変わらないテロリズムの本質

これまで見てきたように、現代社会はテロリズムに対して過去よりも脆弱な構造となり、大量破壊物質の利用可能性とも相まって、大規模テロリズムの脅威は現実のものとなっている。また、グローバル化の進展や破綻国家の出現など、テロリズムを助長する要因も存在するし、匿名の犯行や自爆型テロリズムなど、予防や捜査を難しくする事案も目立つようになってきている。

新たな形態のテロリズムの出現にもかかわらず、筆者は前節で述べたテロリズムの本質に変わりはないと考える。なぜなら、多くの場合、テロリストは「理想の社会像」を持っている。したがって、殺傷・破壊だけではなく、何らかの社会からの反応を求めているはずである。破壊のみによって、目的は達成できない。社会改革ではなく破壊が主目的と思えるケースもあるが、その場合でも世間が騒ぎ、恐怖感が蔓延すれば、犯人を喜ばせることになる。新型テロリズムであっても、過剰反応を避けるというテロリズムへの対応に変わりはない。

43　爆発物を探知する検査器の開発が進められているが、駅改札や空港手荷物検査場で発見しても、その場で犯人に爆弾のスイッチを入れられる恐れがある。

44　事件の経緯については、Hayman, Andy, *The Terrorist Hunters* (London, Bantam Press, 2009), pp.174-210. に詳しく述べられている。Hayman は事件当時、ロンドン警視庁に在職し、テロ対策の責任者として対応した。

言うまでもなく、「物理的被害よりも心理的衝撃を重視する」というのは、決して物理的被害を軽視してよいということではない。心理的衝撃を軽くするためにも、事件の未然防止、不幸にして事件が発生してしまった場合には被害の局限と捜査に全力を上げるのが常道である。法律に則って正当性を確保し、過剰反応を抑制して、われわれが持っている基本的価値を、われわれ自身の手で脅かす危険に陥らないようにすることができる。すなわち、テロリズムの脅威に対して社会が冷静に対応することが基本である。また、より長期的には、テロリズムの原因と思われる社会問題の改善にも努めるべきである。

第2章　テロリズムと現代の安全保障

現代の安全保障は複雑化してきていると言われる。巷間では多様な脅威とか、非伝統的安全保障とかいう言葉が注目されている。「外敵の侵略から国を守る」だけでは、安全保障をカバーし切れなくなっている。また、人間の安全保障という考えも登場した。テロリズムは現代の安全保障環境からどのような影響を受けているのか、逆に現代の安全保障に対してどのような意味を持っているのだろうか。本章では、このような観点から考察を進める。

第1節　新たな安全保障の考え方と国家の役割

まず、安全保障とは何か。それは国民の生命、財産および国家の基本的価値の保全である。広義には、環境保護、資源確保、福祉、経済の安定も含めた、ほとんどすべての国の仕事であり、これは総合安全保障の考え方である。狭義には、外国の侵略の排除など、意図的な物理的危害から国民を守ることである。これは従来の安全保障の考え方で、主として軍事に関するものと言えよう。だが、この考え方には、テロリズムの観点からも再検討が必要である。そして、これまで安全保障を掌《つかさど》ってきた国家の役割は変わるのか。

本格戦争の終わり?

ハレー（Louis J. Halle）は、1970年代初頭に、「戦争に未来はあるか?」と題した論文で、国家同士が領土の争奪、防衛を行なう伝統的な本格戦争の時代は終わりを告げたとしている。その根拠は、兵器の破壊力の向上により、戦争は勝者にとっても引き合うものではなくなったからであるとする。代わって、非公然と行なわれる、終わりのない、混沌とした武装闘争の時代の到来を予見していた。[1]

たしかに、中東においては数次の中東戦争やイラン・イラク戦争、湾岸戦争、イラク戦争などの国家間戦争が頻発し、また他地域でもフォークランド紛争が発生しており、本格戦争が姿を消したわけではない。現在でも朝鮮半島では緊張が続いており、イランの核兵器開発疑惑をめぐって武力行使の可能性は否定できず、伝統的な本格戦争が消滅したとは言い切れない。

しかしながら、いわゆる大国間の戦争は、ハレーが指摘するとおり考えにくい。これは核抑止力によるところが大である。第2次世界大戦後の東西対立は、一触即発の危機や代理戦争はあったが、冷

1　Halle, Louis J., "Does War Have a Future?" *Foreign Affairs*, Vol.52, No.1 (October 1973), pp.33-34.

戦のままで終わり、「熱くなる」ことはなかった。そして、テロリズムや民族紛争が安全保障上の大きな関心事となった今日、「非公然と行なわれる、終わりのない、混沌とした武装闘争」が顕著となり、ハレーの視点は歴史の流れを読んでいたと言うべきである。

安全保障における領土の意義の変質

国家同士が敵、味方に分かれて、拡張にせよ防衛にせよ、領土の支配をめぐって争うことが武装闘争の主流であった時代とは異なり、現代では領土の確保ではなく、国境の内側、すなわち領域内での秩序の維持が安全保障上の重要課題である。もちろん、領土の確保が安全保障上、不必要な訳ではない。各国とも軍隊を保有しており、能力面だけを見ると国家間の本格戦争は起こりうる。

だが、カシミールの領有をめぐるインドとパキスタンとの間の深刻な対立や、南シナ海の島嶼部をめぐる中国とベトナム、フィリピンとの対立など、係争中の領土問題が存在し、あるいは日本と中国が「尖閣諸島等東シナ海の海域において近年緊張状態が生じていることについて異なる見解を有している と認識」[2]していることはあるものの、現代世界では多くの国家にとって、既存の国境線は所与であり、本格戦争を辞さないまでに争う性質のものではない。[3]他国を軍事的に支配したとしても、旧来の植民地時代と異なり、住民の抵抗、国際社会の反発は厳しく、占領し続けることは困難である。他者の領土を支配して資源を収奪することは、もはや国際法的、道義的に許されないばかりか、効率も悪い。貿易や金融の手段によって、間接的に資源や市場をコントロールする方が、はるかに費用対効果が高い。

国同士が領土をめぐって衝突するよりも、一国内において一定の地域を支配する武装勢力が、中央政府に対して叛乱・ゲリラ戦を挑むのが、現代の武力紛争の主たるパターンである。たとえば、チェチェン、パキスタン北西部、インド東部、アフガニスタン、フィリピン南部、イエメン、ソマリアそしてシリア、イラク等は、最も注目を集めている地域である。

テロリズムと領土

テロリスト集団にとって、領土が持つ意味は、叛徒・ゲリラの場合とは異なる。前章で指摘したように、テロリズムは領土をめぐる紛争ではなく、生命・機能をめぐる紛争である。もちろん、国境はテロリストの入国や武器の密輸を阻止するのには、依然として有効な存在であり、その意味では領土

２　外務省「日中関係の改善に向けた話合い」２０１４年11月７日。http://www.mofa.go.jp/mofaj/a_o/c_m1/cn/page4_000789.html ２０１４年11月11日アクセス。

３　ウクライナについては、帝政ロシアやソビエト連邦の一部であった特殊事情がある。北大西洋条約機構（North Atlantic Treaty Organization：NATO）軍とロシア軍との全面衝突は考えにくい。

は安全保障上、意義がある。だが、国境でヒトやモノの出入りをチェックすることは、領土を防衛することとはまったく異なる作用である。領土自体を外敵から守ることよりも、各国の領土内での秩序を守らなければならない。つまり、テロリズムの脅威に対して、領土の防衛は重なり合わないのである。

テロリスト集団などは非国家行為体であるが、非国家行為体と言っても、叛徒・ゲリラと違い、これには交戦団体として国際法上の法人格を与える余地がない。当然のことながら、テロリスト集団は領土に権力基盤を置かず、統治する人民もいない。このような「つかまえどころのない」行為体が、国家や国際社会の安全を脅かすようになったのである。領土、人民を支配していないということは、その安全に責任がないということであり、失うものがないテロリストに対しては、軍事力による抑止が功を奏するとは考えにくい。

国家は「面」として捉えることができ、攻撃を受けた場合には、「面」を対象として軍事的に反撃できる。他方、領土を持たないテロリストは「点」であり、一般市民と混在しているのが普通である。威力の大きい武器の使用は、一般市民の犠牲を伴う危険が大きく、有効な手段ではない。道義的・法的に疑義があり、テロ対策の正当性を喪失する一方で、テロリズムへの同調者を増やす可能性があるなど、逆効果である。テロリスト集団への軍事攻撃は、まさにガラス細工店の中で巨大な鷲が羽ばたくようなものであり、動けば動くほど被害と混乱を招く。この意味でも、テロリズムは伝統的な本格戦争とは性格を異にする。

「イスラム国」[4]と領域

２０１４年になって独立宣言、カリフ制宣言を行なった「イスラム国（Islamic State）」が注目を集めた。「イスラム国」は、イラクとシリアの一定領域を支配し両国の政府軍とも戦える実力を持っているので、テロ組織というよりもゲリラあるいは叛徒であるが、やや特異な存在と見られている。それは以下の理由による。第１に「イスラム国」は既存の国境を無視して、シリアとイラクの一部地域に独自の国家を宣言した。１９１６年に英仏が秘密裏に締結し、現在のアラブの人為的な国境線のもととなったとされるサイクス・ピコ協定（Sykes-Picot Agreement）を強く非難し、アラブ世界の国境を全面的に打破することを目指している。同じ叛徒でも、分離独立や政府の転覆を画策している叛徒とは異なる。第２に指導者のアブ・バクル・アル・バグダディ（Abu Bakr al-Baghdadi）がカリフを名乗った。カリフとはイスラム教の預言者の後継者であり、この世における神の代理人であるが、第１次世界大戦以後、空位となっていた。このためか、ナイジェリアのボコ・ハラム（Boko Haram）、フィ

4　以下を参照。小杉泰『９・11以後のイスラーム政治』（岩波現代全書、２０１４年）31－33、49－56、61頁。内藤正典『イスラム戦争』（集英社新書、２０１４年）89－91、１０９－10、１７１－74頁。中田考『カリフ制再興』（書肆心水、２０１５年）、１５２－57、１７８－80、１９５－96、２１３頁。

リピンのアブ・サヤフ（Abu Sayyaf）など、他地域でも「イスラム国」に支持を表明した集団があり、またパキスタン・タリバン（Tehrik-i-Taliban Pakistan : TTP）の幹部の中にもバグダディに忠誠を誓った者がいる。第3にその主たる構成員はイラク、シリア出身者であるが、他の国々からも来ている。中東やロシア（チェチェン）が主であるが、欧米、東南アジア、日本からも「イスラム国」に参加（希望）者がいる。第4に欧米、オーストラリアなどで、「イスラム国」に感化されて凶行に及んだのではないかと疑われるテロ事件が発生している。また、「イスラム国」に参加した者が、帰国してからテロ事件を起こすことが危惧されている。

注意を要するのは、本来のイスラムの教義に基づくイスラム国やカリフ制と、かの「イスラム国」の主張や行動との差異である。現代の国家には領土、国民、統治の3要素が必須であり、各国政府はその領域内で最高の権力（主権）を持つ。これに対してイスラム（スンニ派）の教義によれば、主権は人間ではなく神の手にあり、イスラム世界を領域で分断してはならないはずである（ただし、多くのイスラム教徒は既存の国家の枠組みから出ようとはしていない）。バグダディはこのイスラムの教義を利用して、自らカリフであると宣言し、世界のどこにいても「イスラム国」の一員となって、イスラムの敵と戦うことができると説く。イラクとシリアおよび中東の一部の国を除いて、「イスラム国」が一定領域を支配できるはずはないが、世界各地でのテロリズムを教唆、扇動している。

それでは、「イスラム国」に参加した者が、どこまでバグダディの唱えるカリフ制を理解し支持しているのだろうか。また、「イスラム国」の支配地域以外で発生したテロ事件に、どこまで「イスラム国」の影響を認めるべきなのであろうか。イスラム法学者の中田考は国境を越えたイスラム共同体とカリフ制の支持者であり、シリアの「イスラム国」支配地域を訪れた数少ない情報通である。中田によるとその地域の人々はカリフ制再興への実感は薄く、過激な思想にも関心がないか、むしろ迷惑がっているとのことである。[5]「イスラム国」構成員のカリフ制理解支持度を示すデータはないが、地元イラクとシリア出身の中には現体制に不満を抱く者が多く、教義よりも実利が動機で参加したとも考えられる。その他の中東出身者の中には、いわゆる「アラブの春」の挫折からの転機を求めている者も、少なからず存在するであろう。欧米出身者の場合は、過去の例から類推すると、欲求不満のはけ口やスリルを求めて参加した者が多いと考えられる。

欧米やオーストラリアで事件を起こした犯人たちは、組織性がないような印象を受ける。たとえば、２０１５年1月にフランスで発生した銃撃・人質事件の犯人のうち、ある者は「イスラム国」から指示されたと言い、またある者はアラビア半島のアル・カイダ（Al-Qaeda in the Arabian Peninsula）から指示されたと言っている。だが、この二つの組織は対立しているのである。[6]いずれの組織からにせよ、

5　『朝日新聞』２０１４年10月23日朝刊。

6　BBC,"Paris attacks: Were gunmen aided by terror network?", http://www.bbc.com/news/world-europe-30789123. 12 January 2015 ２０１５年1月12日アクセス。

具体的な指令を受けた形跡は見られない。その他の事件も同様である。

したがって、これまでのところ、バグダディの唱えるカリフ制は実効性に乏しく、「イスラム国」の支配地域外でのテロ事件への組織的関与は希薄と結論付けることができる。「イスラム国」に刺激を受けた者が、散発的にテロ事件を起こしていると見るのが妥当であろう。「イスラム国」に参加して、銃や爆発物の扱い方を習得した者が、帰国してからテロ事件を起こすことは警戒しなければならないが、これは他のテロ組織にも言えることであって、「イスラム国」特有の問題ではない。

第2次世界大戦前に存在していた国際共産主義運動は、モスクワの本部から各国共産党に革命方針を指令していたが、このような地球規模での活動網（今の言葉を使えば、グローバル・ネットワークか）も各国での活動基盤（ローカル・インフラストラクチャー）も、「イスラム国」は持たない。アフガン義勇兵のゲリラ活動がソビエトの崩壊を促進したように、「イスラム国」が中東の政治や社会を変える可能性は否定できないが（厳密にはシリア情勢や各国の介入が中東を変えると言うべきであろう）、テロ対策の観点からは、その実力を過大評価すべきではない。全世界のイスラム教徒に向けてカリフ宣言を行なったにもかかわらず、本音は支配領域およびその周辺のスンニ派部族、参加予備軍、シリア内戦での支援国だけを意識して主張を発信しているとの見方もある。[7]

それにもかかわらず問題は、宗教の教義が歪曲・単純化されてテロ行為を煽るスローガンとなることである。単純なだけに明快で人を引きつけ、直情的行動に走らせやすい。特定の組織には属さず、扇動家とも言うべきアブ・ムサブ・アル・スーリー（Abu Musab al Suri）は、世界全体がイスラム教徒にとって戦場であり、各自の身近なところでテロリストになることを訴えている。[8] スーリーはカリフ制の実現を唱えてはいないようだが、国境を越えて地球規模でのテロ行為を煽っている点で、「イスラム国」と同じである。このようにして実行されるテロリズムに組織性はなく、体制に対する深刻な挑戦とはなりえないが、大きな被害を生じさせる恐れはあるので、警戒を緩めることはできない。

「非軍事の戦争」概念

伝統的な本格戦争の時代の終わりはまた、安全保障における軍の役割の相対的減少を告げている。[9] これは換言すれば、安全保障における非軍事的要素の比重の増大ということになる。中国人民解放軍の喬良と王湘穂は、「非軍事の戦争行動（non-military war operations）」の概念を打ち出した。彼らが言う戦争とは交通戦争、受験戦争というような修辞ではない。敵を強制して自分の利益を満たすために、武力と非武力、軍事と非軍事、殺傷と非殺傷との「限度を超えて」両方の手段を行使することであり、

7　松本光弘『イスラム聖戦テロの脅威』（講談社＋α新書、２０１５年）１２１－22頁。
8　ジル・ペケル（丸岡高弘訳）『テロと殉教』（産業図書、２０１０年）１６４頁。
9　University of Illinois at Urbana-Champaign, Department of History, John A. Lynn 教授との意見交換、２００４年1月16日。

貿易や金融、大規模テロ、生態（環境要因）、さらには世論誘導、サイバー攻撃、密輸、薬物濫用、文化攻勢、自分に都合のよい規範作りまでも戦争遂行の手段とする[10]。

この概念は専門家の間では注目されているが、戦争概念をあまりにも広範囲に捉えすぎているきらいがある。軍事力による殺傷を伴わない戦争概念は、戦争から実態を奪ってしまう恐れがあるからである。悲惨な戦争を避けるために人類はこれまでさまざまな試行錯誤を繰り返してきたのであり、たとえば国連憲章も平和に対する脅威、平和の破壊および侵略行為に対する行動として、第41条の非軍事的措置と第42条の軍事的措置を規定し、非軍事的措置では不充分な時に軍事的措置をとることとしている。また、戦時に適用される武力紛争法（国際人道法）も存在する。つまり、戦争とは軍事力をもって多数の人の生命を奪うことであるとするのが共通理解であり、「非軍事の戦争」とは概念の矛盾である。

また、国家の目的を達成するために、経済的、法的、文化的その他あらゆる手段を駆使する行動は、有史以来見られる現象であって、特に目新しくはない。しかし、それは直接、殺傷を伴うものではなかった。喬良と王湘穂が主張するように、殺傷と非殺傷との区別をなくし、殺傷を伴う行動と伴わない行動とを同じ戦争の範疇に入れることは、対象を広げすぎ、社会科学の用語として有効性に欠けるのではないか。

むしろ、「非軍事の戦争」概念の有意義な点は、それに基づく「兵器の新概念」を生み出したことにあると考えられる。この概念は第1章でも簡単に言及したが、「今日の世界で兵器にならないものなど何ひとつ」なく、「一般人、軍人を問わずその身の回りにある日常的な事物を戦争を行なう兵器に豹変させてしまう」ことが可能なことを示している。その典型的な例は、旅客機をミサイルに仕立てた９・11事件であろう。これは、従来は軍事的手段によって、戦争においてしか被ることがなかったような生命財産への大規模な損害が、日常生活の中で、元来は人々に便利をもたらすはずのものによって与えられたことを意味する。[11] 実行者が軍人であろうとなかろうと、凶器が軍用であろうとなかろうと、打撃の大きさに差はない。つまり、「非軍事の戦争」概念は、相手を強制するために武力と非武力、軍事と非軍事、殺傷と非殺傷の手段を別々に行使するのではなく、武力と非武力、軍事と非軍事の別なく行なわれる殺傷と読み替えることにより、現代の安全保障にとって有効な示唆となる。同時に、テロリストにも、凶器や攻撃目標の選択肢が広がる。

安全保障の脱軍事化

この「兵器の新概念」が持つ意味は、軍隊やそれに準ずる集団、たとえば叛徒やゲリラでなくても、

10　喬良、王湘穂（坂井臣之助、劉琦訳）『超限戦』（共同通信社、２００１年）65－73頁。
11　喬良、王湘穂『超限戦』38－39頁。

多数の人の生命・財産を奪い、社会や国家の機能を麻痺させることができるようになったということである。テロリズムによる破壊力は増大しているが、テロリズムは武力行使ではないし、テロ組織は国家の軍隊でもなければそれに準ずる集団でもない。

大規模テロリズムの可能性を受けて、軍事と非軍事の区別が薄れてきているという指摘、いわゆる「グレイ論」がある。この指摘は、破壊力の増大だけを見ると正しいが、対策を行なう者にとっては、あまり意味がない、というより危険なものである。たとえば適用される法律や主務機関などに関しては明確な違いがある。すなわち、戦争には武力紛争法（国際人道法）、テロリズムには国内刑事法が適用され、主務機関はそれぞれ軍と司法機関と別々である。武器の使用基準は、軍事では敵の殲滅、非軍事では最小限度の実力行使と、まったく異なる。捕捉された者の扱いは、軍事では捕虜となって国際法が適用され、事態終了後、出身国に送還されるが、非軍事では犯罪被疑者となり、各国の法律に基づいて処罰される。事態収拾に付随する第三者への被害については、軍事では免責されることが多く、許容限度が大きいが、非軍事では許されることではなく、被害を与えた者は処罰される。

冒頭で、安全保障とは国民の生命、財産および国家の基本的価値の保全であり、従来は外国の侵略の排除など、主として軍事に関するものであったと述べた。だが、「兵器の新概念」は、テロリズムなどの非軍事事象であっても、国の安全を脅かす可能性があることを意味する。そして対応する組織も、軍事組織ではない。筆者はこれを、「安全保障の脱軍事化」と呼ぶ。

テロリズムと主権国家システム

安全保障の脱軍事化が進むと、国家の安全保障における役割に、どのような影響を与えるのであろうか。１９７０年代に登場した国際政治学の考えに、「新しい中世（a New Middle Ages）」がある。それは、今日の世界では国家が個人への支配と個人からの帰属を最終的に享受しているが、将来的には一方では国家より広い国際機構や地域機構など、他方では国家より狭いが国家を横断する各種の団体が、国家からこの優越的地位を奪うとする。すなわち、新しい中世とは、主権国家システム（国家がその領域内で最高の権力を持つシステム）に替わる、世界のあり方を示すもののひとつと言えよう。

国家と国家が軍事力を用いて衝突することが安全保障上の主問題であった時代から、大規模テロリズムが現実のものとなり、国家の内部で、あるいは国境を越えて活動する、非国家集団であるテロ組織が、安全保障上の重大関心事となった事実は、新中世主義の発現と見るべきなのだろうか。すなわち、排他的に暴力装置（警察、軍隊、刑務所）を有し、個人の生命・自由を奪う正当性を許されている国家が、その「特権」を国家以外のものと分かち合うことになるのか。

クラウゼヴィッツの「武装した民衆」

まず、国家以外の集団が、国家に対して暴力を行使しているからと言って、それが主権国家システテムを無効にするほど、世界を多元的にしているとは限らないということを指摘しておこう。国家以外の集団による暴力の行使は、クラウゼヴィッツ（Carl von Clausewitz）が『戦争論（Vom Kriege – On War）』の中で「武装した民衆（Volksbewaffnung - people in arms）」と記したように[12]、新しい現象ではない。クラウゼヴィッツが目撃した農民から成るパルチザン（partisan または partizan）は、ナポレオンのフランス軍をロシアから駆逐するのに、大きな役割を果たした。

クラウゼヴィッツは侵攻した敵軍隊を撃退するための、正規軍の補助的手段としての民衆蜂起について語っているのだが、現代的解釈をすることで、クラウゼヴィッツの「武装した民衆」論は、時代を越えて意義ある存在となっている。近代ゲリラ戦の解説にクラウゼヴィッツを引用する論者[13]もいる。

非国家集団の暴力は、国家の防衛や、革命による国家権力の奪取、あるいは新たな国家の樹立を目的とすることが多く、既存の国家による暴力の独占とは相容れないものではあっても、主権国家システムそのものを否定してはいない。それどころか、自分たちの国を守ろうとしたり、自分たちが理想とする国家作りを目指したりしている。紅軍、八路軍、南ベトナム解放民族戦線は、反政府ゲリラとして出発したが、最終的には権力を奪取して、みずから政権の座に収まったのである。

上記のような非国家武装勢力にはさまざまな呼び名があるが、語感として、パルチザンは外国からの侵入軍に対する抵抗を、叛乱は中央政府に対する抵抗を、ゲリラはその両方を包含するものである。いずれの場合も、領域的基盤を有しており、思想的動機はナショナリズムあるいは土着性に根ざしている。したがって、国家を否定するものでないことは明らかであろう。

テロ組織は国家と並びうるか

テロリズムも政権の打倒や、ある政策への反対、あるいは外国勢力の駆逐のために暴力に訴えるが、ゲリラと異なり、領域的基盤を有していない。このため、ナショナリズムや土着性を背景としない組織もある。そのような組織の中には、国家の存在を認めないものもある。19世紀末の欧米のアナーキストはその典型である。それでは、国家の存在を認めないテロ組織や、国境横断的なテロ組織は、国家とは別に二重権力的構造を世界にもたらすと言えるのであろうか。

国境横断的なテロ組織が出現してテロリズムの脅威が強くなったとしても、一般の民衆は、国家とテロ組織の双方から二元的に支配を受けている状態にはない。イスラム法を基盤として、政治社会の根底にイスラム的価値を据えようとする運動を、イスラム政治運動（あるいはイスラム原理主義）と呼ぶならば、そのような運動が地球横断的共感を呼び起こす潜在能力がある。だが、前述のように多くのイスラム教徒は既存の国家の枠組みから出ようとはしてはいない。イスラム政治運動は精神的つながりと言うべきであり、国家を否定するものではない。

12　Clausewitz, Carl von, *On War* (Princeton, Princeton University Press, 1976), pp.479-83.
13　ヴェルナー・ハールヴェーグ（Werner Hahlweg）やレイモン・アロン（Raymond Aron）はその代表である。

イスラム原理主義者のうちの過激派は、現在、地球規模の本格的国際テロ事件（グローバル・テロリズム）を引き起こせる唯一の動きではあるが、イスラム過激派は一枚岩ではなく、世界中の過激派をまとめる個人、団体は存在しない。イスラムテロ組織は、組織と言うより個々人の結びつきとも言えるほど多様であると見られている。あえて系列化されていると言えるのは、アル・カイダぐらいのものであった[14]。

そのアル・カイダでも、2001年の米軍によるアフガニスタンへの武力行使により、現在は組織性の溶解が指摘されている。グローバル・イスラムテロリストは、元々はアル・カイダを頂点とし、その下に数百の過激派グループを従えた垂直構造であった。しかしながら、米軍のアフガニスタンへの武力行使以降、アル・カイダは多くの指導者的メンバーを失い、グローバル・イスラムテロ活動の指令部としての役割も失ったと考えられている。だが、アフガニスタンへの武力行使は、テロ対策上、プラス面ばかりではなかった。テロリストは、世界中に散らばり、一部をつぶしても、全体の動きを止める効果のないネットワーク構造となった。このネットワークは、アル・カイダ中枢との関係が強いものから思想的影響を受けているにすぎないものまで、さまざまである。また、ネットワーク自体、上下関係ではなく横並びであり、ネットワークがさらにネットワークを形成しているとも言うべきものである[15]。

このネットワーク構造へのアル・カイダ中枢の関与については、かなり濃厚な部分もあるのではないかとする見解がある。2004年マドリッド鉄道爆破事件（4便12車両、死者191名、負傷者1841

名）の実行犯27名は、雑多な構成である。多くがモロッコ人であり、他にアルジェリア、エジプト、チュニジア、レバノン出身から成る。そのうちスペインに居住していた者は3名であった。バラバラな個々人をひとつの集団にまとめ上げ、マドリッドでの凶行に及ばせたのは、パキスタンに潜伏しているアル・カイダ中枢とされる[16]。また、英国における未遂を含む数件のテロ事案を捜査した結果、主犯格のイスラム教徒はパキスタンで爆発物の製造方法を習ったり、過激な思想を吹き込まれたりしており、英国のテロ事案の75パーセントはパキスタン発などと言われる。このため、アル・カイダは一般に推測されているほど組織性が溶解しておらず、指揮系統を維持していると、英国警察の元テロ対策責任者は見ている[17]。ただし、ビン・ラディンがアル・カイダの中枢的存在として、指揮系統を維持していたとは考えにくい（第1章第3節参照）。

14　Statement for the Record, Louis J. Freeh, Director, Federal Bureau of Investigation, on the Threat of Terrorism to the United States before the US Senate Committee on Appropriations, Armed Services, and Select Committee on Intelligence, 10 May 2001.

15　The French Republic, Prime Minister's Office, *Prevailing Against Terrorism – White Paper on Domestic Security Against Terrorism* (2006)), pp.20-22.

16　Reinares, Fernando, "The Madrid Bombings and Global Jihadism", *Survival*, Vol. 52, No. 2, April-May 2010, pp.84, 87-88, 100.

17　Hayman, Andy, *The Terrorist Hunters* (London, Bantam Press, 2009), pp.284-87.

直接の関与の程度は定かではないが、パキスタンに潜んでいるアル・カイダ幹部が、爆発物の製造・操作などの訓練を通じて、ヨーロッパでのテロ事件を後押ししているか、場合によっては糸を引いているようである（アフリカにもこのような組織がある）。ただし、これらアル・カイダ幹部は、パキスタン西部の政府の統治の及びきらない地域に潜んでいたり、現地部族に匿われていたりするのであり、彼ら自身が一定領域を支配しているのではない（一部のパキスタン政府関係者の庇護を受けているとする見方もあるが、同国政府は否定している）[18]。アル・カイダ以外のイスラム系のテロリズムには土着性の強いものもあり、その中には権力を掌握して人々や領土の支配を企図するものもある。だが、アル・カイダからは統治の具体的構想が見えてこない。これはアル・カイダの弱みでもある[19]。すなわち、グローバル化しているために、かえって住民との結びつきが弱い。

このアル・カイダの土着性の欠如は、テロ組織として勢力を維持するには克服しがたい脆弱性である。ビン・ラディンは反米的言動のため、出身地のサウジアラビアからスーダンに逃れたが、さらにスーダンからも追放されて、アフガニスタンに活路を求めた[20]。ザワヒリはエジプト出身であるが、過激派の一員として活動したために刑に服し、出所後パキスタンに渡って反ソ闘争に参加、その後ビン・ラディンと合流した[21]。他の構成員も、元来はアラブ諸国から内戦を戦うためにアフガニスタンにやって来て、そのまま居ついた（より正確には、イスラム過激思想を信奉する危険分子として、本国から体よく厄介払いされたのである）[22]。

このようにアル・カイダの構成員は出身地ではその主張を貫くことができずに、国外に新天地を求めた（率直に言えば、脱出した）者たちである。本国を離れれば、早晩、影響力は薄れる。武装闘争を継続するには、一般大衆の間にある程度の支持を集めることが前提となるが、そのためには独立や領地奪還、体制打倒といった成果を確認できる具体的な目標を掲げることが必要である。西洋的価値観（western values）を否定し、米国人殺害を扇動するスローガンだけでは、長期的に支持基盤は築けない。支持基盤のないテロリストは、散発的な事件は起こせても、何かを建設する動きにはとてもならない。

対照的な例として、北アイルランドでは、和平合意に到達するまでの30年にわたって、武装闘争が展開された。パレスチナでは、半世紀を越えても、収束しない。これだけの期間にわたって闘争を継続するには、新構成員のリクルートや資金および武器の調達、そして連絡手段や隠れ家の確保などが

18　BBC NEWS, "Pakistan starts Bin Laden inquiry", http://news.bbc.co.uk/news/world-south-asia-13330909?print=true, 9 May 2011 ２０１１年5月10日アクセス。
19　Cronin, Audrey Kurth, *ENDING TERRORISM: Lessons for defeating al-Qaeda* ADELPHI PAPER 394, p.63.
20　National Commission on Terrorist attacks upon the United States, *The 9/11 Commission Report*, 2004, pp.57, 62-63.
21　Hiro, Dilip, *War without End – the Rise of the Islamist Terrorism and Global Response* (London, Routlelege, 2002), pp.87-88, 108-09.
22　高木徹『大仏破壊』（講談社文庫、２００７年）３６３頁。ローレンス・ライト（平賀秀明訳）『倒壊する巨塔』（白水社、２００９年）上巻２９６頁。

必須であり、相当程度の住民の支持がなければ不可能である。なぜ武装闘争集団が住民の支持を集めることができるかと言えば、自治、独立を掲げ、その果実として住民の安全、福祉そして誇りが期待できるからである。これはアル・カイダとの決定的な違いである。そして、この北アイルランドやパレスチナの組織は、自治や独立を求めているのであり、主権国家の存在を否定しているわけではない。

実質を伴わないという点で、アル・カイダは日本赤軍と類似している。１９６０年代から１９７０年代にかけて、当局の厳しい取り締まりや国民の厳しい批判によって追い詰められた日本の極左勢力の一部は、国外に逃れて世界同時革命という妄言を標榜し、日本赤軍を結成した。日本赤軍は新構成員のリクルートができず、活動は停滞、事実上消滅した。[23]アル・カイダと日本赤軍とでは、資金や構成人数の規模こそ違うが、出身地を離れざるをえなくなり、空虚なイデオロギーにのみ依存しているところが共通である。これはビン・ラディンの生死にかかわりなく、アル・カイダの弱点である。筆者は、アル・カイダ中枢も日本赤軍と同様に、逃亡先で疎外され、勢力を失っていたと見ている。

欧米帝国主義への抵抗の精神的支柱となった歴史的経緯から、イスラム教は各国でナショナリズムとの結びつきが強い。したがって、国家そのものを否定するものではない。ナショナリズムと結びついたイスラム政治運動は、平和的であろうと暴力的であろうと、イスラム的価値、イスラム法を厳格に適用するイスラム国家樹立を目指しているのである。たとえば、タイ南部のイスラム教徒は、かつては分離独立を目指していたが、現在では自治獲得に方針転換した模様である。[24]そのタイ南部でも、仏教徒とイスラム教徒との和解、貧困の解消によるテロリストのリクルートの遮断が、国家プロジェクトとして行なわれている。いずれにせよ、主権国家システムに挑戦する動きはない。
自治や分離・独立を目指す、民族主義を標榜するテロ組織は土着性が強いが、紛争地域外で事件を起こすこともあり、また海外在住の同朋（diaspora）と連携することもある。資金提供は活発に行なわれている模様であり、海外から破壊活動を行なうこともある。たとえば、前章で言及したカナダ発の航空機同時爆破事件は、その典型である。だが、いかに国境横断的とはいえ、これらの民族主義過激派は、国家の存在を認めない活動を行なっている訳ではない。それどころか中央政府から分離してでも、みずからの国を作ろうとするものである。

これに対して、カルトや単独犯のテロリストは、あるべき世界像を持っていない。オウム真理教のように、当人たちは持っているつもりでも、現世を超越していたり、偏狭であったりして、政治的意義がない。したがって、法秩序への挑戦ではあっても、主権国家システムへの挑戦にはなりえない。

主権国家システムを脅かし、新しい中世に向かっているというためには、単に破壊を行なうだけではなく、国家とは別の形態で人々の支配を行ない、暴力の正当な行使を許され、国家の最高性を否定する行為体の出現が前提となる。すなわち、既存の国家権力を倒してみずからが権力を握るのではな

23　２００１年に解散宣言が出されたが、すでに一般の人々の記憶からは消えていた。
24　BBC NEWS, "Thailand ready for talks on South", http://news.bbc.co.uk/2/hi/asia^pacific/3741833.stm 24 March 2004.

く、国家に替わる統治方法を用意していなければならない。現在のテロ組織および将来的に予測可能なテロ組織は、このような多元的支配は意図していないか、あるいはその能力がないのである。したがって、国家とは別に二重権力的構造を世界にもたらすとは言えない。

破綻国家とテロリズム

テロ対策の基本は、各国がその主権の及ぶ範囲で取り締まりを強化することであり、これは自国民に対する責任であるとともに、国際社会に対する責任でもある。統治機能を備えた国家では、テロリストは隠密裏に行動せざるをえず、必然的に資金集め、訓練、襲撃の計画や準備、決行などの活動に大きな制約を受ける。

これに対して、破綻国家あるいは破綻しつつある国家は、公共の安全や法秩序の維持といった財を国民に提供することができず、国家としての正当性を失った状態にあると言うことができる。[25] このような国家の領域内では、権力ないしは権威の空白状態に乗じて、テロリストが公然と活動できる。テロリストは取り締まりを受けないばかりでなく、形式的な国家主権に隠れて、外国からの追及も逃れられる。[26] 破綻国家がテロ組織に乗っ取られたり、テロ組織を取り締まることができないでいたりすると、その国が他国に対するテロの拠点となる。このような場合に、破綻国家を立て直して、責任ある国家とすることが必要になる。[27]

テロリストを取り締まる意思はあっても、その能力が欠けている国家に対しては、他の国々がそのような国家の法執行能力を向上させるべく、指導を行なうことが考えられる。これはテロ対策というよりも、むしろ国家建設に近い。他方、テロリストを取り締まる意思すらない国家に対しては、経済制裁や軍事干渉の可能性も排除できない。カダフィ（Muammar al Qadhafi）政権（当時）のリビアに対する経済制裁（現在は解除）、２００1年のアフガニスタン・タリバン政権に対する武力行使がその例である。それでも最終的には、警察・司法制度整備が欠かせない。残念ながら、リビア、アフガニスタンとも、それには程遠いのが実情である。

テロリストの脅威は、軍事力の脅威ではないのである。ある国を滅ぼせば、その国からの軍事的脅威も消滅するが、その国を拠点とするテロリズムの脅威が消滅するとは限らない。かえって事態が悪化することも考えられる。アフガニスタンやイラクでの戦後復興の難しさやリビアにおける政権交代後の混乱は、このことの証明である。国家建設の実際の作業では、国際機関や民間の個人、団体が果たす役割も小さくない。だが、ことは一国の主権にかかわる問題なので、各国が当該国と十分、協議

25 Rotberg, Robert I., "The New Nature of Nation-State Failure", *The Washington Quarterly*, Vol. No. (Summer 2002), p.85.
26 Cronin, Patrick M., "Foreign Aid", Cronin, Audrey Kurth & Ludes, James M. (ed.), *Attacking Terrorism* (Washington D.C., Georgetown University Press, 2004), p.257.
27 Walt, Stephen M., "Beyond bin Laden", *International Security* Vol.26, No.3 (Winter 2001/02), p.62.

の上で決定すべきである。この意味でも国家の役割は重要である。

高まる国家の主導的役割

国家の衰退どころか、むしろ、今日のテロの脅威は、主権国家の存在の重要性を改めて認識させた。テロ対策には、予防・取り締まり・事態解決などの法執行に関する活動と、負傷者救助・被害局限などの防災に関する活動とに大別できる。[28]このいずれにおいても、広範な機関の参加・協力が求められる。たとえば、9・11事件の際、日本の各省庁は以下のように対応した。もちろん、これらがすべてではないが、順不同で一部を列挙すると、

総務省消防庁―都道府県におけるテロ対策体制（関係機関との情報共有、薬剤・資機材保有状況の把握、テロ災害発生時の体制）整備の要請
財務省―外国へのテロ資金規制、税関での検査
経済産業省―情報セキュリティ、化学核物質や麻薬原料の管理・原子力施設の安全
金融庁―国内金融機関の資金洗浄対策
郵政事業庁（当時）―不審な郵便物への対応
農林水産省―農薬散布用無人ヘリコプターや生物剤・有害化学物質の保管管理の強化

厚生労働省―生物兵器テロへの注意喚起
国土交通省―航空・鉄道・海上関係・バス・宅配便等・河川・道路・国営公園でのテロ未然防止措置の指示
文部科学省―所管の原子力事業所の警備強化・大学および研究機関の生物化学剤の管理指導、国立大学付属病院へのテロ対策要請
入国管理局―入国審査の強化

これ以外に、警察など治安・安全保障に直接かかわる機関も対応したことは言うまでもない。テロ対策にかかわりのない省庁はないと言ってよい。外国で起こった事件ですら、これほどの機関が対応するのである。仮に日本で同種の事件が発生したとすると、被害者の救助や住民の避難、捜査を行なうので、地方自治体や民間の機関も含め、さらに多くの人々が動員され、種々の活動に従事することになる。

28　前者を危機管理（crisis management）、後者を被害対策（consequence management）と呼ぶこともある。United States Government Interagency Domestic Terrorism Concept of Operations Plan. http://www.fas.org/irp/threat/conplan.html ２００４年11月24日を参照。だが、両者をまとめて、広義の危機管理とも考えられる。

2002年サッカー・ワールドカップ大会に向けたテロ対策としても、関係省庁連絡会議安全対策部会は、開催自治体や主催者と緊密に連携して、さまざまな施策を行なった。たとえば、(1)情報収集の強化としてのホテル等における身元確認の徹底の要請、(2)水際対策の徹底としての出入国管理体制や通関検査体制の強化、査証発給審査の厳格化、(3)航空機によるテロ等の防止対策としての空港および航空保安施設に対する警戒警備の強化、保安検査等の徹底、小型航空機等の飛行計画受理時における不審者チェックの徹底、(4)BCテロ対策としての競技場等における図上演習および合同訓練の実施、地域の消防・救急医療対策の強化、郵便物、貨物等に対する安全対策の強化、毒・劇物、有害化学物質、生物剤等の管理対策の徹底、(5)各競技場等における警戒警備の強化および自主警備の強化指導などがある。[29] 来る2020年東京オリンピック・パラリンピックに向けても、すでに対策が始まっている。

2004年に政府の国際組織犯罪等・国際テロ対策推進本部が決定した「テロの未然防止に関する行動計画(詳細は第3章)」は、現時点(2016年)での国を挙げてのテロ防止策の集大成と言える。法律の改正も伴うものであったが、警察庁、法務省、財務省、外務省、海上保安庁、金融庁、農林水産省、厚生労働省、国土交通省、総務省、経済産業省、文部科学省が参画した。これらの指導により、多くの民間の機関が協力している。

このように、ほとんどすべての省庁がテロ対策に動員されるが、事件の予防あるいは災害救助のためには、自治体や民間の団体および個人に負うところも大きい。生物・化学剤や不特定多数の人が集まる施設、コンピュータ・システムの安全管理は、その一例に過ぎない。生物の発育は一番足りない栄養素に左右され、これを〝最小律の法則〟と呼ぶ。長さの異なる木片を集めて桶を組み立てると、一番低いところから水が漏れるようなものである。テロ対策でも同じことが言える。つまり、いくら他所でのテロリズムへの備えが整備されていても、警戒を怠るところ（「環の弱い部分」とも呼ばれる）があると、そこがテロ攻撃の目標となる。

逆説的だが、テロ対策ではたしかに国家以外の行為者の責任も重いが、それだけいっそう国家の責任も重くなる。なぜなら、国家以外の行為者の関係、役割を調整する役割を担うのは国家だからである。各国家機関、自治体、各種団体、事業者、住民、場合によっては外国政府機関や国際機関をまとめ上げるとすると、国民からの権力の委任と、しかるべき権限を有する国家以外にはないであろう。すなわち、他の多くの社会現象と同様に、安全保障においても、かつては国家が排他的に対処していた分野に、非国家行為体が進出してきていることは事実である。しかし、このことは国家の役割を減じるものではない。参加する機関が増えれば、それだけ各々の機関の役割・権限を調整する必要が生じる。関係する機関相互の役割の重複や遺漏、あるいは権限の衝突をなくすとともに、指揮系統を明確にすることは必須である。民間団体や地方自治体、個人に対して、国家が強制的な措置を取るここ

29　各省庁のホームページより２００２年サッカー・ワールドカップ大会関係省庁連絡会議安全対策部会のキーワードで検索。

とが法的、社会的にどこまで許容されるか、慎重に検討しなければならないが、これらを適切に指導し、包括的な対テロ体制を整備することができるのは、中央政府、すなわち国家である。

国連や地域機構等の国際機関は、国際法上の法人格を有するが、その活動は最終的には各国の国家意思を集約したものに基づく。テロ対策においては、国連や地域機構等が直接、従事するのではなく、加盟国の連携を調整したり、確認したりする場を提供することが一般的である。現在のところ、国連や地域機構等が独自の法執行機関を持ち、テロリストを処罰できるようになることは、期待されていない。

国家の権限の他機関への委譲は、全体としての国の機能をより効率的にする場合がある。そのようなシステムの中でも、指揮系統の中心的役割を担うのが、国家の責任である。要するに、権限の分散（diffusion）に伴い、テロ対策を統轄する国家の権限も増大する。鵜飼いの鵜の数が増えれば、それだけ鵜匠は忙しくなるのと似ている。国家以外の機関の権限行使は国家の弱体化であるとするゼロ・サム・ゲーム的発想は当たらない。[30]

国家による正当性

実際にテロリストを取り締まり、世界の秩序を維持することができるのは、暴力の独占と正当な行使を許されている主権国家である。[31] たとえば、テロリストが国境を越えて活動する今日、国際協力が不可欠だが、そのためには、テロリストの監視を含む情報交換や、テロを「国際法上の犯罪」[32]として、いずれの国ででも、逮捕・処罰を可能にすることなどが考えられよう。これらの対策は、すべて人権にかかわるものであり、したがって権力の行使に責任をとることができる、唯一の行為体である国家が行なわなければならない。

法治国家では、正当防衛、緊急避難等の例外的な場合を除いて、私人による暴力は許されない。正当性のない暴力は正義の実現に寄与しない。主権国家システムは権力の正当性を担保しているのである。将来的には、テロリストの国際裁判制度の創設も考えられないではないが（これに関しては次節で述べる）、この場合も各国が意思決定を行なって、裁判所を設置すること以外には、正当な手続きは存在しない。

破綻国家の出現やテロリズムの脅威の増大は、公的権威による暴力の独占が侵食され、暴力のコントロールが揺らいでいることの現れであろう。暴力をコントロールすることとは、暴力独占の再構築である。[33]そのような再構築は、権力の基礎たる正当性を保持する国家によらなければならない。国家

30　Hirst, Paul, *War and Power in the 21st Century* (Cambridge: Polity, 2001), pp.134-35.
31　マックス・ヴェーバー（脇圭平訳）『職業としての政治』（岩波文庫、１９８０年）９頁。
32　国際犯罪の概念整理としては、藤田久一「犯罪の国際化と国際法」（『国際問題』第４５０号、１９９７年9月）２－17頁参照。

以外のもの、換言すれば暴力を行使する正当性を持たないものによる暴力、あるいは国家による暴力であっても、正当性を欠く暴力は、秩序を破壊するだけである。

このように、9・11事件に象徴される現代のテロリズムの脅威は、世界を「新しい中世」に向かわせるどころか、主権国家システム以外に世界の秩序を守るシステムはないことを証明している。繰り返しになるが、国家だけではテロリズムと闘えない。国家を中心に、民間や地方自治体、国際機関が連携する主権国家システムが、テロリズムに対して最も有効だと言っているのである。

これはいわゆるグローバル化に逆行しているのではない。無秩序なグローバル化を許さないために、今までになかった国家の新しい役割が必要になる。人々が国境を越えて自由に活動するには、安全が前提となる。その安全を提供するのは国家であるがゆえに、主権国家システムの下でなければ、健全なグローバル化は進展しないのである。一般市民をテロの暴力から守るという、人間の安全保障に近い要請に対しても、最終的責任を果たすべきは国家なのである。この意味でも、人間的正義の実現に向けられた行動でさえ、主権国家を媒介せざるをえないというヘドリー・ブル（Hedley Bull）の指摘[34]は、正鵠を射ている。

33　メアリー・カルドー（山本武彦・渡部正樹訳）『新戦争論』（岩波書店、2003年）190－92頁参照。

34　ヘドリー・ブル（臼杵英一訳）『国際社会論』（岩波書店、2000年）112－13頁。Bull, Hedley, *Anarchical Society* (2nd Edition) (London, MACMILLAN, 1995), p.86.

第2節　国際法のプリズムを透して見たテロリズム

本節ではテロリズムに関して国際法そのものを論じるというより、国際法を介して現代のテロリズムの性格を分析することを目的としている。これによって、テロリズムの性格をさらに明らかにできると考えるからである。具体的にはテロリズムと武力行使、テロ容疑者の法的性格、対テロ条約の有効性の観点から問題を取り上げる。

テロリズムと自衛権

９・11事件に際して、国際連合安全保障理事会（以下、国連安保理）は決議１３６８号と１３７３号を採択した。これらの決議は国連憲章上の個別的・集団的自衛権を認識・確認し、かつ９・11事件を非難し、同事件はあらゆる国際テロリズムと同様、国際の平和と安全に対する脅威であるとみなしている。決議の内容は、明示的に9・11事件に対する自衛権行使を承認している訳ではないものの、「好意的に見ている」とは言える。それでなければ、9・11事件および他の国際テロリズムの非難と、自衛権の確認とを同じ決議の中で行なった意味がない。[1] 米国自身は、アフガニスタンへの攻撃を自衛権で根拠付け、日本、オーストラリア、北大西洋条約機構加盟国も、米国の自衛権行使を支持した。

上の事実からは、9・11事件にとどまらず、他の国際テロリズムに対しても、自衛権行使を認める「道が開かれた」と解釈できる。なぜなら、国連安保理決議が9・11事件と他のあらゆる国際テロリズムを同列に置き、ともに国際の平和と安全に対する脅威であると認識し、かつ個別的・集団的自衛権を認識しているからである。

だが、国連安保理決議の重みは尊重しなければならないが、テロリストに対する自衛権行使は、理論的には説明できないことが多い。決議1368号と1373号は9・11事件直後の、人々が理性的に判断することが難しかった状況の産物という側面があったのではないだろうか。諸国が米国の自衛権行使を支持したのは事実だが、どこまで論理的に思考したのか。今にして思えば、テロに対する米国の自衛権（すなわち武力）行使は、国際法的に説明できるといった程度ではないだろうか。

テロリズムは武力行使か

国連憲章第51条によれば、自衛権は武力攻撃（armed attack）の発生に対して行使されるものだが、国連憲章や安全保障に関する諸条約を見ると、武力攻撃は侵略と同義に用いられることが多く、領域的野心が強い。国際司法裁判所（International Court of Justice：ICJ）の判断では、武力攻撃とは「最も重大な形態の武力行使（the most grave forms of the use of force）」であり[2]、武力攻撃にまでは至らない武力行使（use of forceを兵力使用と訳すこともある）[3]に対しては、「均衡のとれた対抗措置」をとることができるとしている。[4]

武力行使（武力攻撃を含む）とは国際的な紛争の一環と考えられる。そこで、国家でも国際法上の交戦団体でもない者、すなわち国際法上の法人格を持たない私人であるテロリストが行なった行為が、武力攻撃あるいは武力行使と言えるのかという疑問がわく。日本政府の解釈では、人を殺傷しまたは物を破壊する行為を行なう主体が国または国に準ずる組織であれば、当該行為は国際的な武力紛争の一環であるとする。そして、何が国に準ずる組織であるかの見極めは、個別具体的に判断すべきものであるが、一般論として、当該行為を行う主体が一定の政治的主張を有し、相応の組織や軍事的実力

1　浅田正彦「同時多発テロ事件と国際法－武力行使の法的評価を中心に」（『国際安全保障』第30巻１－２合併号、２００２年10月）74－75頁。
2　浅田正彦、前出論文、70頁。
3　実力行使と訳す場合は、国内における法執行機関による行為を指す。
4　浅田正彦、前掲論文、82頁。

を有するものであって、その主体の意志に基づいて危害を加えたり破壊したりする場合には、その行為が国に準ずるものによって行なわれたとすることになるとされる。[5]

テロ組織は「一定の政治的主張」はあっても、「相応の（すなわち、国に準ずる－筆者）組織や軍事的実力を有する」とは言い難く、それらを有するのは、中央政府の支配が及ばない一定領域を支配できる叛徒やゲリラである。このように考えると、テロ攻撃は、国際の平和と安全に対する脅威とはなりえても、武力行使にはなりえない。テロ攻撃が武力行使でない以上、最も重大な形態の武力行使である武力攻撃に対して発動される自衛権行使が、テロ攻撃に用いられるのは奇異である。

行為者の性格、すなわち国または国に準ずる組織であるなしにかかわらず、9・11事件のように被害が甚大であれば、武力攻撃とみなしうるという見解もあるかもしれない。だが、武力攻撃か否かとは国際法上の問題であり、被害規模は別の次元の問題である。1995年東京地下鉄サリン事件のような大規模テロでも、武力攻撃ではなく犯罪である。1989年のイラクによるクウェート侵攻は、ほぼ無血占領であったが、国連安保理は武力攻撃とみなしている。[6] イラクの行為はクウェートの主権（sovereignty）や独立（independence）、領土保全（territorial integrity）を侵害するもの、侵略そのものであった。だが、テロ組織による攻撃自体には、主権、独立、領土保全を脅かす能力はない。

テロ行為に対する国家による自衛権の行使

以上の議論から、国際法上の法人格を持たないテロリストに、武力攻撃の概念を適用するのは無理があることがわかったが、それでは国際法上の法人格を持つ国家や交戦団体あるいは国に準ずるものがテロ行為にかかわった場合には、それを武力攻撃とみなすことができるかという問題がある。当然のことながら、国、交戦団体または国に準ずる組織は武力攻撃の主体たりうる。したがって、あるテロ行為に国家や交戦団体が関与していた場合、その被害規模や関与の程度によっては、武力攻撃とみなすことは、理論上は可能である。国家などによる関与とは、拠点や資金・武器の提供から、具体的な計画立案・指示、あるいは国家の工作員によるテロ行為などが考えられる。

ただし、国家などによる直接的な関与があったとしても、自衛権行使が正当かという問題がある。すなわち、テロ行為に関与した国家に対する軍事攻撃が、常に自衛権の行使とみなされる訳ではない。武力攻撃に対する自衛権行使は、侵害を排除する目的で行なわれる。ある国家がその軍隊を使って侵略した場合、攻撃が持続しているか、領土を占領しており、これを排除する目的で、被侵略国が自衛権を行使するのである。すなわち、武力攻撃が発生しても、侵略した国家が軍隊を引き上げれば、侵害排除の必要はなく、それでもその国家に武力を行使すれば、自衛権行使ではなく復仇《ふっきゅう》（報復）とな

5　秋山收内閣法制局長官、２００３年7月10日第１５６回国会参議院外交防衛委員会議事録第15号。
6　国連安保理決議６６1号（１９９０年8月6日）。

り、国際法的に正当化できないことになる。テロ行為の場合は、すでに事件が起こってしまっており、領土の占領もないので、侵害の排除という目的には合致しないと考えられるかもしれない。

また現実には、国などが関与するテロ攻撃がすべて、主権・独立、領土保全を侵害する訳ではなく、武力攻撃にまでは至らない武力行使にとどまることが多いと考えられる。したがって、これに対する軍事行動も、自衛権の行使ではなく「均衡の取れた対抗措置」と説明するのが適切である。

しかしながら、自衛権一般について言えば、再び侵略してくる可能性が濃厚であれば、武力攻撃した国家に対する武力行使を、自衛権行使として説明することが可能である。テロ行為の場合も、連続して攻撃が行なわれる恐れがあり、次の事件を起こさせないために、つまりあくまでも将来の攻撃を防止するためであれば、武力行使は報復ではなく、自衛権行使として正当化される余地はある。

つまり個々のテロ行為ではなく、将来起こる可能性のあるものも含めて、一連のテロ行為を武力攻撃と解釈すれば、テロ行為に関与した国家に対する攻撃が自衛権の行使とみなされうる場合がある。テロ事件がすでに発生しており、そのまま放置すれば、将来再び事件の発生する恐れがある場合、国家に対して武力行使を行なうことが正当となる可能性はある。

１９９８年に発生したタンザニアおよびケニアにある米国大使館爆破に関連して、米国はアフガニスタンとスーダンにミサイル攻撃を行なった。これは米国政府によって自衛として説明されたが、当時の大統領ビル・クリントン（Bill Clinton）は回顧録の中で「報復（retaliate）」という表現を使っている。[7] 心情的には復仇だったのであろう。

状況は想像しにくいが、理論的には、テロ行為に対しても、先制攻撃（pre-emptive attack– 敵が攻撃して来る兆候が具体的に認められた場合に、敵の攻撃が発生したものと考えて、先手をとって攻撃すること）も自衛権行使となりうる。だが、脅威が具体化する以前にテロリストの拠点と目される目標を攻撃することは、先制攻撃ではなく、予防攻撃（preventive attack– 具体的な攻撃の兆候はないが、仮想敵が攻撃の意図や能力を持っていることを理由に、あるいは持つことを阻止するために行なう攻撃）であって、自衛権行使には当たらない。

破綻国家と緊急避難の法理

みずからテロ行為を支援したり、実行したりしている国家ではなく、領域内のテロリストを取り締まる意思、あるいは能力のない破綻国家などに対して、武力を行使することも考えられる。これは、「緊急避難の法理」を用いて説明できる。[8] 攻撃対象の国家は、必ずしもテロ行為に積極的に加担しているとは言えず、自衛権行使では説明しにくいからである。緊急避難は国連憲章には規定がないが、

7　ビル・クリントン（楡井浩一訳）『マイライフ－クリントンの回想』（朝日新聞社、２００４年）下巻５１３頁。Clinton. Bill. *My Life* (New York. Knopf. 2004). p.799.

国際慣習法上、国家に認められている権利である。

たとえば、タリバン政権打倒に至るアフガニスタンでの軍事行動は、緊急避難で理論付ける方が、自衛権で説明するより一貫する。アフガニスタン（タリバン）が9・11事件を画策したのではなく、アフガニスタンに活動拠点を持っていたアル・カイダが事件を画策し、アフガニスタン政府はアル・カイダを取り締まらないからである。緊急避難で理論付ければ、私人（テロリスト）による武力攻撃や自衛権の私人（テロリスト）への行使という矛盾は解消し、他国領土という「面」への攻撃も法的に説明できる。

このように、「緊急避難の法理」は、国家が積極的に関与していないテロ事案における軍事力の使用を、自衛権よりも筋道立って理論付けすることができる。それでも、緊急避難は一般に、対象となる国の政権打倒まで許しているとは考えられていない。アフガニスタンの例で言えば、アル・カイダの拠点に対する攻撃までは許されても、その後の措置は緊急避難を超える。形の上では、タリバンに対抗する北部同盟を、米国を中心とした外国軍が支援し、北部同盟がカブールを制圧しタリバンを駆逐した後、ボン合意に基づいて国際社会が新たな国づくりに協力していることになっている。事実上は、国連が承認した内政干渉の疑いが濃厚である。２００１年の国連安保理決議１３７８号には「タリバン体制を交代させるアフガン民衆の努力を支持し（supporting the efforts of the Afghan people to replace the Taliban regime）」とあるが、アフガン民衆の意思を計るすべはなかったはずである。

また、何をもって「テロリストを取り締まる意思、あるいは能力がない」と言えるのか、判断基準が恣意的になりやすい。各国なりの法制度や治安政策があるはずである。緊急避難の適用は、不当な干渉の口実に利用される危険性があることは否定できない。

国家によるテロ行為が武力攻撃とみなされ、それに対して自衛権を行使する場合は、他の形態の武力行使に対するのと同様に、その国の領土への攻撃が可能である。国家の不作為により、テロリストに拠点を提供している場合の緊急避難も同様に、その国の領土への攻撃が可能である。だが、問題は、領土を支配しない個人の集合に、どのように、効果的に武力を行使できるのかである。テロ組織には攻撃対象となる領土がない。テロリストは攻撃を免れて逃走し、組織を維持することが可能である。アル・カイダ中枢はパキスタンに逃亡した。

テロリストの出自

テロリストの拠点が自国にあれば（外国人に対して「国産（home-grown）」と言われることがある）、内戦（国と国に準ずるものとの戦い）の最中でもない限り、いかに被害が大規模であろうと、テロ攻撃を武力行使とは言いがたい。だが、もし内戦が行なわれておれば、テロ攻撃は内戦の一手段に過ぎず、武装

8　片山善雄、橋本靖明「テロと国際法」（『防衛研究所紀要』第6巻第2号、2003年12月）84頁。

闘争全体の性格はテロリズムではない。「イスラム国」とシリア政府軍、イラク政府軍との戦いがそれである。詳細は次章で説明するが、テロリズムはゲリラ戦や叛乱とは基本的性格が異なる。政府が容易に状況を内戦と認めるかについては議論があろうが、いずれにせよテロ行為の拠点が自国であれば、自衛も緊急避難もありえない。

それでは、テロリストの拠点が外国にあれば、武力行使になりうるのか。しかし、合法的に入国したり、その国で生活基盤を築いたりした者の行為が「武力行使」というのも、腑に落ちない。偽造旅券を使用するなどして、不法に入国する例はあるとしても、国外からのテロリストは、平穏にやってくる。２００８年ムンバイ事件のように、公然と越境して来襲するケースは稀である。そのような場合でも、ただちに武力行使とするには無理がある。攻撃者が国または国に準ずる組織であるか、国から指示を受けていなければ、武力行使とはならない。[9]

また、テロリストの拠点が外国にあるというのも、曖昧な基準である。オウム真理教はロシアでも活動しており、武器を調達していた。そうすると、オウム真理教の活動を許していたロシアに対しても、米国のアフガニスタン攻撃のように、日本は国際法的に武力行使が可能なのか。[10] あるいは、英国におけるイスラム過激派テロリストのように、テロリスト本人は事件を起こした英国の国籍や永住権を持っており、パキスタンに渡って過激な思想を吹き込まれたり、テロ攻撃の技術を習得したりすることが、拠点が外国にあるということになるのか。それならば、英国はパキスタンに対して武力を行使しうる立場にあるのか。

テロリストがどこで活動しているか、あるいはどの国籍を持っているかということは、主権や管轄という観点からは重要である。しかし、ヒトやモノの国境を越える流れが日常化している今日、テロリストの拠点が国外にあるというだけでは、軍事的対応のための根拠を提供する材料は少ない。

武力行使のための根拠の問題点

さらにテロリズムに対する武力行使で問題となるのは、その対象とされる団体が、その理由となるテロ行為を行なったという証拠があるのかという点である。テロ行為はその性格上、隠密裏にかつ少人数で決行されるので、軍隊による攻撃のように、実行者を特定することが容易ではない（この点、サイバー攻撃はテロ攻撃に類似している）。当該団体がそのようなテロ行為を行なった証拠を、国際社会に

9　ただし、攻撃の態様によっては、被害国の政府が武力行使と判断し、軍事的なものも含めて相応の対応をすることはありうる。

10　現在では、ロシアはオウム真理教の違法な活動を取り締まっている。たとえば、２０００年7月、麻原彰晃（本名松本智津夫）奪還を計画し、自動小銃や手製爆弾を用意していたロシア人一味がロシア当局によって逮捕された。地下鉄サリン事件（１９９５年）の直後に、ロシアにオウム真理教の支援者がいることは、冷戦期なら間接侵略であり、自衛隊の治安出動がありえたと発言する「識者」がいたが、笑うべきである。

示すことができなければ、武力行使が正当化できない。

しかしながら、これには二つの問題がある。まず、武力行使を正当化する情報は、往々にして客観性に乏しい。裁判のために、警察が捜査によって得た証拠であれば、検察庁や裁判所でも精査され、また被疑者・被告にも反論の機会が与えられる。このような過程を経て、有罪か否か決定できる。したがって、信憑性は高い。だが、武力行使のために情報機関によってもたらされる情報は、政府の他の機関によって精査されることはあっても、基本的に「身内」によるものである。猜疑心過剰で誤ったものであったり、極端な場合には政権担当者の意に沿うように捏造されたりする可能性がある。イラク戦争開戦前の、サダム・フセインとオサマ・ビン・ラディンとが密接な共闘関係にあるとか、イラクが大量破壊兵器を所有しているとかいう偽情報は、その典型である。

第2に、テロリズムに関する情報全般に言えることだが、手の内を明かしにくい。テロ組織に対する情報活動は、継続して行なう必要がある。情報内容を明らかにすることによって、収集方法などを知られてしまい、爾後の情報活動に支障をきたす恐れがある。軍事的な情報であれば、衛星画像を示すことも有効な手段であり、衛星による情報収集を行なっていること自体は公然の秘密だが、テロリズムに関する情報は、主として通信傍受や通信記録の分析、あるいは行動確認、潜入、密告などヒトによるもの（human intelligence：humint（ヒューミント））であり、情報活動を行なっていることを気付かれてはいけないことであり、できれば伏せておきたいものである。また、手の内を明かすと情報の提供者や協力者の立場を危うくする恐れもある。

現代世界では、武力行使には正当性が要求される。特にテロ対策として行なう場合には、悪に対する正義の武力行使であることを、明確に示すべきである。それでなければ、反発を招いて逆効果となるだけでなく、武力行使を行なった国も信用を失う。上記の問題点を考慮に入れると、テロリズムに対する武力行使は、実行者が声明を出すなどして犯行を認めない限り、正当化は容易ではない。

一般住民の被害

一般住民の被害をどう説明するか。武力を行使すれば、それは戦争である。戦争では、非戦闘員は保護されるべきであるとは言うものの、現実には犠牲者が出ることは避けられない。そして一般住民に犠牲者を出しても、責任者も実行者も、よほどのことがない限り、処罰されることはない。これは治安維持との根本的相違である。人権に関して、警察活動では軍事活動とは比較にならないほどの厳しい制約が課される。武器の使用には慎重でなければならず、過剰な使用は厳しく責任が追及される。いわゆる「誤爆」は、戦争と言わなければ、法的に許容できない性質のものである。[11] 軍事用語では、一般住民の犠牲者を付随的損害（collateral damage）と呼ぶことがある。死傷した者やその家族友人にとっては、「付随的」どころではないが、テロリズムに対して武力を行使すると、一般住民の被害には無神経になりがちである。さらに問題なのは、「誤爆」ではなく、一般住民に被害が出ることを承知の上で、軍事攻撃を実施し、多数の死傷者を出すことである。そのような過剰行動は、テロリストの暴力にも匹敵する暴力の行使である。これは、世界的な「テロとの闘い」の連携を弱め、かつテロリズムに対する同調者を増やす恐れが大きい。

テロ組織に属する者（テロリストか、そのシンパ）と、そうでない者とを区別して攻撃を行なえば問題はないとする見解もあろうが、そのような区別がはたして現実に可能なのか。テロリストが公海上にでもいない限り、第三者を巻き込む可能性が強い。無関係の一般住民を巻き込んで被害を与える軍事行動が、テロ対策としての正当性を確保できるのかという疑問は、やはり払拭できない。

武力行使の有効性

また、自衛権行使、緊急避難あるいは「均衡のとれた対抗措置」という名の軍事攻撃が、法的に正当であるとしても、テロリストから自国の安全を守るのに有効だろうか。たしかにアフガニスタンにおけるアル・カイダの場合は、軍事攻撃によって、その隠れ家や武器の多くを失い、かなりの数のメンバーが捕捉された。この点では火力の優勢が、効果があったことは事実である。[12] だが、ひとつの特異な例から、一般化を行なうのは、妥当ではない。アル・カイダはタリバン政権に資金提供を行なうなどして緊密な関係にあり、アフガニスタンで訓練を行なったり、武器を蓄えたりしていた。また、山岳地帯にトンネルを作って、隠れ家としていた。アル・カイダはアフガニスタンで市街戦の訓練もしており、そのために敷地を必要としていたとも言われている。[13] したがって、タリバンが支配していた地域を、アル・カイダ一味の拠点と同一視できたのである。これはテロ組織としては、異例である。地理的に、「面」として拠点を確認できるテロ組織、すなわち領土を支配するテロ組織は稀で、通常はテロ組織の拠点は、「点」として住民と混在しているのである。シリア、イラクにおける「イスラム国」への空爆が限定的とはいえ効果を上げていると伝えられているが、これは「イスラム国」が一定の領域（「面」）を支配しているから、換言すればテロ組織ではなく叛徒だからである。

ゆえに、一般的にはテロ組織に対する軍事攻撃は、目標を正確に捉えることが難しく、逆に一般住民を巻き添えにする可能性が高い。つまり、テロリズムに対して武力行使に訴えることは、攻撃が行なわれる国の住民に死傷者が出ることを予測しているはずである。それでもあえて武力行使に訴えるならば、自衛権行使、緊急避難あるいは「均衡のとれた対抗措置」として国際法的に理論付けること

11　それでも、タリバン政権打倒前に、１０００名以上の一般住民の犠牲者を出している。法的側面は乗り越えられても、道義的、政治的には疑問が残る。Roberts, Adam, “Counter-terrorism, Armed Force and the Laws of War”, *Survival* Vol.44, No.1 (Spring 2002), pp.18-19.

12　ただし、軍事力でアル・カイダを壊滅させることは不可能であった。アル・カイダは数十カ国にネットワークを張り巡らせて分散しており、アフガニスタンは一大拠点ではあるが、そこへの軍事力行使だけでは、効果に限界がある。

13　BBC News, “Trapping Bin Laden”, http://news.bbc.co.uk/english/static/in_depth/world/2001/war_on_terror/hunting_stm 07/December/2001 ２００１年12月７日アクセス。

ができたとしても、世論の反発を招いたり、正当性を喪失したりする恐れがある。これでは、テロ対策としての効果に乏しい、というより逆効果であろう。

前章でも述べたが、米無人航空機によるミサイル攻撃も同様である。この攻撃はタリバンやパキスタンなどに潜伏していると推測されるアル・カイダやタリバンの構成員を狙って、ブッシュ・オバマ両政権下で行なわれている。殺害そのものが計画どおりに目的を達しているか（狙った人物を殺害できたか）は不明であるが、必然的に住民やパキスタン兵にも被害を拡げている。これに対して、現地米軍司令官から遺憾とする紋切り型の声明が出て、攻撃は継続されるというパターンである。この問題は、国連人権委員会でも取り上げられている[14]。

テロリストの法的性格と処遇

テロリズムは犯罪であり、テロリストは犯罪被疑者あるいは刑事被告人としての扱いを受けるのが通例である。だが、自衛や緊急避難を行なって、テロリズムを戦争とみなすと、テロリストは戦闘員となり、犯罪被疑者とは別の扱いを受けることになる。テロリストにとって戦闘員として認められることは、実は「名誉なこと」である。「犯罪者」ではなく、「戦士」となるからである。また、一定の領域を実効支配し、国際法を遵守することにより、交戦団体としての地位を与えられ、政府との交渉資格を認められる可能性がある。

たとえば、フィリピンにはミンダナオの自治・独立を標榜するモロ民族解放戦線（Moro National Liberation Front：MNLF）、モロ・イスラム解放戦線（Moro Islamic Liberation Front：MILF）、アブ・サヤフ（Abu Sayaf）、新人民軍（New People's Army：NPA）という武装組織がある。ＭＮＬＦは、フィリピン政府と和平協定を結んだ。ＭＩＬＦと政府との交渉は紆余曲折を経たが、２０１４年、ＭＩＬＦとフィリピン政府は包括的和平協定を結び、自治拡大と武装解除に向けて進みだした。これに対してアブ・サヤフは、外国人を誘拐、身代金要求を出すなどして、テロ組織とみなされており、政府と交渉する資格はない。ＮＰＡは政府と交渉することができ、その意味ではテロ組織でないが、米国はテロ組織のリストに入れている。[15]現地政府が政治交渉しているということは、ＮＰＡを犯罪者集団ではなく、内戦の相手方として認めているということであろう。それを外国の政府がテロ組織と認定するのも奇異な感がするが、米国から当該組織に対しては送金停止、米国内の当該組織の資産凍結などが可能である。

しかしながら、戦闘員とは言っても、交渉資格どころか、捕虜や犯罪被疑者に保障される権利さえ

14　BBC News, "UN official criticizes US over drone attacks", http://www.bbc.co.uk/news/10219962, 02/June 2010 ２０１１年９月29日アクセス。

15　BBC NEWS, "Guide to the Philippines conflict", http://news.bbc.co.uk/2/hi/asia-pacific/1695576.stm ２００５年２月15日アクセス。

否定されている事例がある。9・11事件に関しては、米国は捕捉したアル・カイダ、タリバンの一味と思われる者を、「違法な戦闘員（unlawful combatant）」として扱っている。米政府は自国の司法の権限が及ばないと解釈して、米国内ではなく、キューバにあるグアンタナモ米軍基地に「違法な戦闘員」を収容した。被収容者は外部との連絡を絶たれ、無期限に拘束されたまま、取り調べを受けた。解放された者もいるが、現在も拘束が続いている者もいる。グアンタナモには特別軍事法廷が設置され、当初は収監者全員を審理しようとしていた。

この措置は極めて疑問である。「違法な戦闘員」の制度は、元来、占領地での秩序を保つためのものである。「違法な戦闘員」は、戦争捕虜（prisoner-of-war：POW）として処遇されず、過酷な扱いを受ける。弁護人も付けず、無期限に拘束し、行政行為として処分を行なうことができるなど、被疑者の人権が著しく制限されている[16]。軍が拘束した「違法な戦闘員」を、同じ軍が処分するのは、被告を起訴した検察とは別機関の裁判所が判決を下す司法行為、すなわち三権分立が基本の刑事訴訟とは本質的に異なる。果たして、テロリストの処分に関して、公正な判断が下されるだろうか。

テロ事件の被疑者にも弁明の機会を与え、可能な限り、公開性を維持した裁判を行なうことにより、テロリズムを犯罪として取り扱い、それに即した対応をすることが、テロ対策の正当性を確保し、テロリズムへの同調者を増やさない方策である。捕捉したアル・カイダやタリバンの一味を、「違法な戦闘員」として取り調べ、裁くことは、テロリズムを戦争と認定したからこそできることである。だが、このような先例が確立すると、テロリズムを戦争と決め付けてしまえば、何でもできるという状況を招きかねない。[17]

グアンタナモでは、単に無期限拘束や世間からの隔離以外に、拷問が行なわれているのではないかと疑惑が持たれた。グアンタナモでタリバン兵やアル・カイダのメンバーと思われる者の取り調べの責任者だった軍人が、イラクのアブ・グレイブ収容所での取り調べの責任者となったことから、[18]少なくともイラクで行なわれたのと同様の収容者の拷問・虐待が、グアンタナモで行なわれていたと推測された。

２００４年６月７日付の米紙『ウォールストリート・ジャーナル』によれば、米国防長官の法律顧問の見解として、大統領は拷問を禁止する米国内法や国際条約に拘束されないという報告書の草稿が２００３年３月に作成されており、最終的に提出されたものの内容も、大きな変化はなかったとのことである。[19]『ワシントン・ポスト』も２００２年８月に中央情報局（Central Intelligence Agency：CIA）からの問い合わせを受けて、司法省は拷問の定義を狭く解釈して回答し、それはホワイトハウスにも送られたと報じている。[20]

16　BBC NEWS,"No fast track at Guantanamo Bay", http://news.bbc.co.uk/2/hi/americas/2648547.stm　２００３年１月27日アクセス。

17　DeLisle, Jacques, "The Roles of Law in the Fight Against Terrorism", *Orbis*, Spring 2002, Vol. 46, No. 2, p.309.

18　BBC NEWS, "Iraq abuse: US policy or anomaly?" http://news.bbc.co.uk/2hi/middle_east/3698965.stm 9 May 2004

国連では、２００２年にグアンタナモに拘束施設が設置されて以来、アクセスを求めてきたが、米国は返答を遅らせた。２００５年になって米国は国連調査チームの訪問を認めると回答したが、被拘束者との会見を認めなかったため、国連側はこの申し出を拒絶した。[21] ２００６年、国連はアクセス要求が認められないまま報告書を発表し、拷問に近い扱いが行なわれており、被拘束者はただちに全員解放されるべきであるとの見解を示した。ちなみに米政府は、この報告書を批判している。[22]

米当局は拷問の範疇には入らないとしているが、水責めや眠らせないなどの行為を行なっていたことは、関係者の証言からも明らかである。[23] これを拷問とは言わないのか。１９７７年ジュネーブ議定書45条によれば、戦争捕虜の地位を与えられない「違法な戦闘員」でも、一定の保護が与えられるのであり、非人道的な扱いや虐待をしてもよいのではない。米国は同議定書に公式には加盟していないが、その精神は遵守するとしているのである。[24]

このようなグアンタナモの非拘束者の非人道的な取り扱いのために、自白の信憑性が疑われるのは、当然であろう。ムハンマド・アル・カターニ（Mohammad al-Qahtani）は9・11事件に参加するはずであったが、米国入国を拒否され、その後アフガニスタンで捕らえられてグアンタナモに移送されて、２００８年２月に国防省によっていくつかの重罪で告発されていた。しかし国防省は５月に、理由を明らかにせずに告訴を取り下げた。これはカターニの自白が拷問によって引き出されたので、それが明るみに出ることを恐れたからではないかと推測されている。[25]

軍事委員会の検察官である軍人の中にも、辞任した者が何名かいる。そのうちの一人は主任検察官であったが、彼によれば、カターニは虐待されたので、自白とされている言葉を証拠として用いたくなかったと語った。[26]これこそ法律家の良心というべきであるが、このように真面目な軍人を職務と良心との狭間で苦しませ、辞任にまで追い込んでしまったのは遺憾である。

恣意的な法律の適用は、グアンタナモに収容された者に対してだけではない。２００２年５月、アル・カイダとつながりがあり、放射性物質を撒き散らす爆弾（いわゆるダーティ・ボン）を使用する準

19　BBC インターネット版に引用。BBC NEWS, "US 'not bound by torture laws'" http://news.bbc.co.uk/2hi/middle_east/3783869.stm 7 June 2004

20　朝日新聞、２００４年６月９日朝刊に引用。司法省、ＣＩＡとも、この件にはノーコメント。ホワイトハウスは、大統領はアル・カイダなどのメンバーを人道的に処遇するよう指示したと、ワシントン・ポストに答えた。なお、草稿は http://online.wsj.com/public/resources/documents/military_0604.pdf にて閲覧可能。

21　BBC NEWS, "UN rejects Guantanamo visit offer", http://news.bbc.co.uk/2/hi/americas/4394584.stm 31 October 2005

22　BBC NEWS, "Us attacks UN Guantanamo report", http://news.bbc.co.uk/2/hi/americas/4721068 16 February 2006

23　ｍｓｎ産経ニュース、２００７年12月13日、２００８年２月12日、同７月16日。

24　Roberts, Adam, "The Laws of War," Cronin, Audrey Kurth & Ludes, James M. (ed.), *Attacking Terrorism* (Washington D.C., Georgetown University Press, 2004), pp.205, 210-13. この論文は、対テロ軍事行動をめぐる国際法の論点を明解に整理している。

25　BBC NEWS, "Why has the US dropped 9/11 charges?" http://news.bbc.co.uk/2/hi/americas/7399644.stm 13 May 2008

26　BBC NEWS, "Why US is 'stuck' with Guantanamo?" http://news.bbc.co.uk/2hi/americas/7413181.stm 21 May 2008

備をしていたとして（ダーティ・ボンに関しては、根拠が薄弱であることから起訴されなかった）、米国籍を持つホセ・パディーヤ（Jose Padilla）なる人物が、パキスタンからの帰途、シカゴ空港で拘束された。ブッシュ大統領は、アッシュクロフト（John Ashcroft）司法長官とラムズフェルド（Donald Rumsfeld）国防長官の進言を受けて、パディーヤを「敵の戦闘員」として扱う決定に署名した。パディーヤは、弁護士との接見も許されず、処分保留のまま、無期限に軍の施設で留置されることになった。[27]

戦闘に関連して拘束されたのではなく、空港に到着して拘束された者が、刑事訴訟手続きに基づいてではなく、「敵の戦闘員」として扱われることに、当然のことながら、米国国内でも疑問の声が上がった。国内法の問題を国際法の問題に置き換えたようにも見えるが、パディーヤは米国民であるので、彼のために弁じてくれる国もなく、その意味では巧みに国際法を利用したとも言える。犯罪被疑者の受けられる権利を行使することなく、無期限に拘束されうるということは、最低限の人権すら脅かされかねないということである。

このパディーヤの拘束は違法であるという訴えが起こされ、この件は一般の裁判所で争われた。詳細は省くが、紆余曲折を経て、パディーヤは2005年に司法省の施設に移され、一般法廷で審理されることになった。これにより、パディーヤの軍事施設における拘束は違法であるという訴えは、「訴えの利益なし」として退けられた。米政府が、パディーヤの軍事施設における拘束の正当性に判断が下されるのを避けたかったためと思われる。2008年、合衆国地方裁判所は、パデイーヤに海外で殺人を計画し、テロリズムを支援するなどしていたとして、208カ月の禁固刑を言い渡した。

裁判官は、パデイーヤが軍施設で苛酷な環境に置かれていたことを考慮して、量刑を軽くしたと語った。[28]

米国の「敵の戦闘員」方式は、緊密な同盟国からも、異議が申し立てられている。英国のゴールドスミス（Lord Goldsmith）法務大臣兼検事総長（Attorney General、当時）は、国際基準に従った公正な審理とは認められないと語った。英国政府の立場は、国際基準に従った公正な審理を行なうか、さもなければ、英国籍の者は英国に送還せよというものである。[29] ドイツのメルケル（Angela Merkel）首相も、グアンタナモの収容施設は閉鎖されるべきであると語った。[30]

米国の連邦最高裁判所は２００４年に、グアンタナモの被拘束者は米国の法律に基づいて、裁判所に救済を求める権利があるとの判断を示した。下級裁判所は、グアンタナモは米国外にあることを理

27 The Independent Institute, "Jose Padilla: A Constitutional Challenge for Us All", http://www.independent.org/tii/news/031218Oneil.html 18 December 2003, CNN.com, "Lawyer: Dirty bomb suspect's rights violated", http://www.cnn.com/2002/US/06/11/dirty.bomb.suspect/ 11 June 2002

28 BBC News, "Padilla given long jail sentence", http://news.bbc.co.uk/2/hi/americas/7203276.stm 23 January 2008

29 BBC NEWS, "Minister attacks Guantanamo trial", http://news.bbc.co.uk/2/hi/uk_news/politics/3837823.stm 25 June 2004

30 日刊ベリタ http://www.nikkanberita.com/read.cgi?id=200601081443240. ２００６年１月８日アクセス。SPIEGEL ONLINE, "Merkel Calls for Closure of Guantanamo", http://www.spiegel.de/international/0.1518.394094.00.html. 07 January 2006

由に、被拘束者には米国の裁判所の管轄は及ばないとの判断を示していたが、最高裁判所の判断はこれを覆すものとなった。[31] 同裁判所は2006年には、大統領は被収容者を特別軍事法廷で裁判にかける権利はないと判断を下した。政府はこれら2回の判決の後、いずれも新たに議会で法律を作って、グアンタナモでの拘束と審理の正当化を図った。しかし、2008年にも合衆国最高裁判所は、被収容者が拘束の是非を軍事裁判所ではなく、一般の裁判所で争う権利を認める判決を下した。これは2006年にブッシュ政権が導入した、そのような権利を認めない趣旨の法律を覆すものである。[32]

2009年に就任したバラク・オバマ大統領は、一旦はグアンタナモを翌年の1月までに閉鎖する方針を打ち出した。そのためには米国内に収容施設を建設しなければならなかったが、予算が議会を通る見通しがつかず、その後もグアンタナモの閉鎖は実現していない。このまま、オバマは8年間の任期を終えるかもしれない。

一般の裁判所では、強圧的な状況を通して得られた自白や証拠を受理しないという判断も出ており、グアンタナモの違法性の疑いに拍車がかかっている。[33] 2012年に米国は、9・11事件の首謀者の一人との疑いが持たれているハリド・シェイク・モハメドほか4名について、グアンタナモに設ける軍事法廷で裁判を行なうことを決定した。[34] ただし、その進行は遅々としている。

グアンタナモのような、同盟国や国内から批判されるような、正当性に疑義のあるテロ容疑者の処分ではなく、公正な裁判が望ましいことは言うまでもない。国際テロリズムに関する裁判としては、ロッカビー事件の例が代表的である。これは、1988年に発生した事件で、ロンドン発ニューヨーク行きのパン・アメリカン航空機が、リビアの政府機関工作員２名が仕掛けた時限爆弾によって、スコットランド、ロッカビー（Lockerbie）上空において爆発、墜落し、乗客、乗員および地上の住民２７０名が死亡した。

　本事件に対して、英国および米国は、実行者を犯罪者として処罰することにより対応した。両国の司法当局がリビア政府関係者であった２名を容疑者として起訴したのは、事件から２年が経過した１９９１年のことである。英国政府はリビア政府に容疑者２名の引き渡しを要求したが、リビア政府はこの要求を拒否した。これに対して、英国、米国、フランスが事件を国連安全保障理事会に付託、安保理決議７３１号により、リビアに犯人引き渡しを促した。さらに引き渡し拒否を続けたリビアに対

31 BBC NEWS, "Terror suspects get court access", http://www.bbc.co.uk/go/pr/fr/-/2/hi/americas/3847539.stm 29 June 2004

32 BBC News, "Major Guantanamo setback for Bush", http://news.bbc.co.uk/2/hi/america/7451139.stm 13 June 2008

33 BBC NEWS, "Blow to US prosecutors as terror case witness barred," http://www.bbc.co.uk/world-us-canada-11481343 06 October 2010 取り調べの非人道性や非効率性に関して米上院の報告書が出ている。US Senate Select Committee on Intelligence, *Committee Study of the Central Intelligence Agency's Detention and Interrogation Program Declassification Revisions* December 3 2014, http://www.intelligence.senate.gov/study2014.html

34 BBC NEWS, "9/11planners' set for Guantanamo Bay trial", http://www.bbc.co.uk/news/world-us-canada-17617956?prnt=true 4 April 2012 ２０１２年４月５日アクセス。

して、安全保障理事会は経済制裁を決定している（決議748および883号）。その後、リビア政府と英米両政府は、容疑者をオランダにおいてスコットランド法に従って裁判することに同意し、同趣旨を定めた安全保障理事会の決議1192号に従って、リビアは容疑者2名をオランダに引き渡した。

2001年1月には、被告の1名が有罪と判決され、グラスゴーにて収監された。残る1名は無罪とされた。だが、収監された人物に対して証人や証拠の信憑性に疑問が出された。[35] そのうちのひとつは、スコットランドの元警察幹部やCIAの元職員が証拠の捏造を認めたものである。[36] このリビア人は重篤な病気で余命が短いと判断され、2009年に釈放されて帰国した。

このように事件発生から判決が出るまでに18年が経過し、事件の解明に釈然としない点は残ったが、ロッカビー事件は法的に正当性を維持したまま、決着した。審理は公開され、被告には弁護人が付いた。無罪判決を受けた被告はリビアに帰国し、有罪判決を受けた被告には上訴する権利も認められていたが、最終的には人道的理由から釈放された。グアンタナモにおいても、被収容者の人権は徐々に考慮されているが、批判を浴びてのことである。ロッカビー事件では、被疑者の権利は初めから尊重されており、何よりも拷問は行なわれなかったのである。事件対処の正当性を確保するには、正当な裁判を行なうことである。

戦争であれば（あるいは戦争と宣言してしまえば）何をしてもよいというのなら、戦争犯罪などありえない。一時の好戦的気分から道を踏み外した手段を講じると、第2次世界大戦中の日系米人強制収容のように、後世、謝罪することになる。

テロ首謀者の殺害

米国では９・11事件以前から、ビン・ラディンとその配下の者を殺害することは、事実上の戦争であり、米国の法律および国際法に照らして正当であるとの決定を、ホワイトハウスの法律専門家が下している。この見解によれば、ビン・ラディンとその配下の者の殺害は、外国人の暗殺を禁じた大統領行政命令に抵触しないとのことである。[37]しかしながら、ホワイトハウスの法律専門家の判断は、米国政府の判断とはなりえても、それ以上のものではない。テロ首謀者の殺害は、普遍的に受け容れられてはいない。米国の解釈では合法かもしれないが、一般的には違法であり、主権の侵害である。

他国領土で人を殺害すれば、実行者は現地で殺人の罪で処罰される。誤った人物を殺害したり、無関係な住民を死亡させたりする可能性もある。もし実行者が捕らえられれば、米国は当事国に対して、

35　BBC News, "Doubts over Locker evidence", http://news.bbc.co.uk/2/hi/uk_news/scotland/4164422.stm, 19 August 2005
BBC News, "Call to clear up Lockerbie doubt," http://news.bbc.co.uk/2/hi/uk_news/scotland/4386464.stm, 28 October 2005

36　SCOTLAND ON SUNDAY, "Police chief – Lockerbie evidence was faked", http://news.scotsman.com/index.cfm?id=1855852005&format, 28 August 2005

37　Dilip Hiro, *War without End* (London, Routledge, 2002), p.273.

米国の立場からは合法的な行為であるので釈放せよと要求するつもりなのだろうか。たしかに歴史上、ある体制にとって有害と目される人物が、謎の死を遂げ、公権力の関与が疑われる例はある。だが、それは公には当局が関知しないものであるし、非合法であることに変わりはない。

一方、2006年6月にイラクで「イラクのアル・カイダ（al-Qaeda in Iraq）」を名のるグループのリーダー、アブ・ムサブ・アル・ザルカウィ（Abu Musab al-Zarqawi）が米軍の空爆によって殺害された。その際、他の住民（テロリズムとの関係は不明）も巻き添えとなって死亡した。この件に関してコフィ・アナン（Kofi Annan）国連事務総長（当時）は、イラクは戦闘地域であり、ザルカウィは戦闘に従事していたので、戦闘地域以外の地域での標的を定めた暗殺と同一視はできず、国際法違反ではないとの見解を示した[38]。

つまり、ザルカウィは誘拐や爆破など、テロ的手法を採用してはいたが、イラク紛争全体の性格は戦争（叛乱）であり、本来の意味での治安維持とは異なる。一般住民の被害も、付随的損害として事実上、免責されることになる。テロ対策の中心的方法である治安維持と、テロリズムとは本質的に異なるものである戦争とを混同しないことが肝心である。この点でも、安易に「対テロ戦争」などと口走るものではない。

2011年5月2日、ビン・ラディンが、パキスタン領内で米軍の作戦により死亡したとされる。この作戦の正当性に関しては、疑問視する向きが多い。パキスタン議会は、米国の行動を非難する決議を全会一致で採択し、米国の行動は主権の侵害に当たるとしている[39]。

西ドイツ（当時）の元首相ヘルムート・シュミット（Helmut Schmidt）は、米国の行動を明白な国際法違反と言っている。[40] シュミット自身、首相在任中の１９７７年、ハイジャックされたルフトハンザ機の乗員・乗客を救出するために、モガディシュに内務省所属の特殊部隊を派遣した。この部隊は機内に突入し、犯人達を射殺あるいは拘束して人質を救出したのである。この１９７７年に西ドイツがとった行動は、２０１１年に米国がとった行動とは、以下の２点で似て非なるものである。第１に西ドイツ政府は現地ソマリア政府に作戦敢行の同意を取りつけていたが、米国政府はパキスタン政府に知らせず、その同意を求めなかった（少なくとも公式には）。第２に１９７７年のケースでは犯人グループが銃、爆薬を保持し、機長が殺害されるなど、人質の生命が危険に晒されていたが、２０１１年のケースでは人命は明白な危険に晒されていなかった。シュミットの決断は正当性に疑問の余地はなく、その作戦は軍事活動ではなく、警察活動として説明できる。他方、オバマ米大統領の判断は、正当性に疑義があるだけでなく、ひとつ間違えれば一般のパキスタン国民も巻き添えにして危害を加えかねない危ういものであった。

38　朝日新聞、２００６年6月9日朝刊。
39　http://www.globalsecurity.org/wmd/library/news/pakistan/2011/pakistan-110514-irna02.htm　２０１１年5月26日アクセス。
40　http://www.dw-world.de/dw/article/0,,15048146,00.html　２０１１年5月26日アクセス。

オバマは米国国民や米国の同盟国の国民を守るために必要であれば（どの同盟国が頼んだのであろうか？）同じ行動を繰り返すと言っているが[41]、この論理を突き詰めると、いずれの国もその国民を守るためであれば、あるいは戦争行為と主張するならば、他国領域内でその国の同意なしでも、危険とみなした人物を「消去」できることになる。たとえば、2006年にロンドンで発生した、元ロシア情報機関職員をかつての同僚が放射性物質を用いて毒殺したとされる事件（ロシア政府は関与を否定、容疑者の引き渡しを拒否）も、正当な行動となる。主権国家制度を基盤とする現代世界は、無秩序状態に陥る。逆にアメリカがロシアによるロンドンでの殺害の正当性を認めないのであれば、二重基準を設定することになる。

同じ2011年、イエメンに拠点を持つ「アラビア半島のアル・カイダ（al-Qaeda in the Arabian Peninsula）」の指導者、アンワール・アル・アウラキ（Anwar al-Awlaki）を、米軍は無人機からのミサイル攻撃により殺害した。この攻撃はイエメン政府も承知しており、アウラキ自身は米国国籍を持っているので、国際法上の責任は問われず、ビン・ラディン殺害とは性格を異にするとの考えもあろう。たしかに主権を侵害したか否かは国際法上、大きな問題である。だが、問題の核心は、裁判を行なわない殺害の是非である。

アウラキは2009年にテキサス米陸軍基地内で発生した銃乱射・殺傷事件、および同年のデトロイト空港着陸直前の航空機爆破未遂事件の背後にいたとされる。しかし、その具体的役割は明らかではない。と言うより、過激思想を煽る「精神的指導者」に過ぎなかった可能性がある。責任があやふやなまま、周囲の人間を巻き添えにする恐れを無視して殺害に至るのは、正当なテロ対策とは言えない。テロ対策における基本とは民主主義的価値および法の支配原則を遵守することであり、正当性のあるテロ対策は、恣意的な拉致・暗殺とは一線を画す。

前述のように、オバマは大統領就任後、１年以内にグアンタナモ収容所を閉鎖すると公約していたが、議会の反対もあって実現せず、グアンタナモに軍事法廷を設置することになった。米国のテロ対策は９・11事件以来、正当性に疑義が持たれる方向に漂っている。これでは友好国を困惑させ、対テロ国際協力に支障をきたしかねず、テロ対策にとって逆効果である。

国際テロリズム裁判所創設の可能性

テロリズムの被疑者に対しては、正当性に疑義を挟まれる余地のない措置をとるべきである。通常の刑事裁判が望ましいが、公にはできない証拠を提出せざるをえない場合も考えられる。なぜなら、テロリズムは組織性の高い犯罪であることが多く、組織の動向に関する情報収集が欠かせない。もし裁判で証拠を公にすると、当局の手の内を明かす結果となり、今後の取り締まりに支障をきたす恐れ

41　http://www.bbc.co.uk/news/13478318 ２０１１年5月26日アクセス。

がある。そのような特別な場合には、証拠の出所の秘匿、証人の保護・匿名性の維持に配慮した裁判を行なうことも考慮しておく必要があろう。[42]だが、当局の恣意的な運用を防ぐこと、および被告に不当に不利益にならないように配慮しなければならない。そのためには、外国の関与もひとつの方法である。

超国家的な機構、たとえばテロリズム専門の国際裁判所や検察・警察を創設するという具体案は今のところないし、非現実的である。各国の主権にかかわる問題であるし、そのような機構が効率よく審理を進めることができるか極めて疑問である。だが、複数国の専門家が合意した上での、第三者的性格を有する、臨時の（ad hoc）テロリズム裁判所の設置は、テロ対策の正当性、公平性を確保する意味で検討の余地はある。ただし、その場合でも罪刑法定主義や遡及効の禁止（係争中に法改正があった場合、改正以前の法に則る）は守られなければならない。単なる「情報」ではなく、証拠に基づいた裁判でなければならないし、被告人の権利が尊重されなければならない。テロリズムを戦争とみなして、戦争犯罪として、軍事法廷でテロリストを裁くことに公正を見出すことは困難である。

ソマリア沖で跋扈《ばっこ》している海賊対策として2008年に、ドイツのユング（Franz Josef Jung）国防相（当時）は、「海でのグアンタナモは誰も欲していない」として、国際的権威を有する国際法廷の設置を提案した。[43]皮肉なことにグアンタナモが反面教師となって、法執行国際協力の促進剤となった。ソマリア沖海賊の件に関しては、国連薬物・犯罪対策室（UN Office on Drug and Crime）が海賊を捕捉した各国の法律に従って裁判を行なうことを求めているが、[44]取り締まりには多数の国が参加しており、国際法廷での一括した裁判が有効かもしれない。ソマリア沖の海賊は、環境汚染や漁業問題を口実にしてはいるが、経済的動機が主で政治性は薄いと見られている。そのため、国際協力も比較的容易である。ユングの提案のように国際法廷を設置し、円滑に裁判を行なうことができれば、海賊対策としてはもちろんだが、将来の対テロ国際法廷の設置にも示唆を与えることが期待できよう。

対テロ条約の有効性と問題点

テロリズムを国際法上の犯罪とし、「対テロ条約（13本のテロ防止関連条約から成る）」の締約国は直接、事件に巻き込まれていなくても、訴追または引き渡しの義務を負うこと（「訴追するか引き渡すか（aut dedere aut judicare）」の原則）、あるいは特定の組織の活動を規制することは、テロ対策として効果が

42　そのような裁判が行われた例として、BBC NEWS, 'Erol Incedal: The trial we couldn't report,' http://www.bbc.com/news/uk-31989581　２０１５年６月３日アクセス。

43　Deutche Welle, 'Germany Calls For International Court to Try Somali Pirates,' http://ww.dw-world.de/popus/popup_printcontent/0,,3898365,00.html, 24 December 2008

44　BBC NEWS, 'UN approves piracy land pursuit,' http://news.bbc.co.uk.go/pr/fr/-/2/hi/africa/7786552.stm, 16 December 2008

あると思われる。すなわち、各国がその主権の及ぶ範囲でテロ行為の取り締まりに責任を持つことを条約加盟国は相互に約束している。これは内政不干渉の原則に合致するとともに、テロリズムに対する安易な軍事力の使用を防止し、国際社会を安定させる効果がある。

対テロ諸条約は大別すると、誰が行なっても罰せられる行為を規制するものと、特定の個人、集団を対象として、ある種の行為を規制するものとがある。前者には「航空機の不法な奪取の防止に関する条約」や「人質をとる行為に関する国際条約」等があり、後者には「テロリズムに対する資金供与の防止に関する条約」（以下、テロ資金供与防止条約）等がある。

前者の場合、一般刑法上の違法行為を対象とするのであって、自国内で発生した事件に関しては、当該政府が捜査し処理すること、自国外で発生した事件の場合、ある国が被疑者を拘束すれば、事件が発生した国への引き渡しか、あるいは当該国内での訴追の実施を義務付けているのが一般的である。対象となる行為が違法で可罰的であることについて、大方の意見は一致している。したがって、一般論として、「テロリズムとは何か」、「テロリストとは何者か」といった定義の問題は発生しない。１９６０～80年代に頻発したハイジャック、建物占拠等がほとんど実行されなくなったのは、これらの条約により、警備の強化に加えて、逃走先の国がなくなったことが一因と考えられる。

他方、後者の「テロ資金供与防止条約」は、テロリストあるいはテロ組織に対して、またはテロ行為に利用される場合に、資金援助を規制・処罰することを目的としている。行為自体は通常何ら問題はないが、テロリズムがかかわる場合にのみ、規制の対象となる。同条約は対象となる行為として、

第２条１（ａ）に言うとおり、付属書ですでにある種々の対テロ条約を列挙しているほか、第２条１（ｂ）でも規定している。この第２条１（ｂ）はテロ行為全般を指すものであるが[45]、それだけに解釈の余地がある。

「テロ資金供与防止条約」は１９９９年12月に国連総会で採択されたが、その発効には22カ国の批准が必要であった。だが、前述のように第２条１（ｂ）の規定の解釈に幅があり、各国内での規制が容易ではないことから、２００１年９月段階で締約国はわずかに４カ国にとどまっており、発効していなかった。しかしながら、９・11事件発生以降、同条約への署名・締結作業が急速に進展し、２００２年３月に22カ国批准の発効要件を満たして、翌月、同条約は発効した[46]。

もっとも、テロ資金規制は事実上の行為として、条約の発効を待たずに行なわれていた。国連安保理では、すでに９・11事件発生以前に、タリバン関係者の資金凍結を求める決議（１２６７、１３３３号）が作成されていた。同事件発生後、各加盟国がテロリスト等を特定して、資産凍結を行なうこと

45　「文民又はその他のものであって武力紛争の状況における敵対行為に直接参加しないものの死又は身体の重大な障害を引き起こすことを意図する他の行為。ただし、当該行為の目的が、その性質又は状況から、市民を威嚇し又は政府若しくは国際機関に対して何らかの行為を行なうこと若しくは行なわないことを強要することである場合に限る」

46　ちなみに、我が国は２００１年10月に同条約に署名、２００２年５月の国会承認を経て、６月に国連事務局に受諾書が寄託され、７月に我が国について同条約の効力が発生した。

を求める新たな決議（１３７３、１３９０号）が採択されるなど、世界的なテロ資金規制へ向けた努力が払われている。Ｇ７としても、テロ資金規制を重要課題として取り上げ、国連安保理決議の実施や、「テロリズムに対する資金供与の防止に関する条約」の批准を世界各国に対して呼びかけた実績がある。また、テロ資金規制のための金融実務技術が必要な国々に対して、支援を行なっている。わが国でも２０１４年11月に「国際連合安全保障理事会決議第千二百六十七号等を踏まえ我が国が実施する国際テロリストの財産の凍結等に関する特別措置法」（平成26年11月27日法律第１２４号）が成立した。

一般法上の違法行為を対象とする条約は合意を得やすく、特定の団体等を指定して、何らかの行為を規制する条約の場合も、合意に達することは可能である。しかしながら、テロリズム一般を網羅的に規制する条約は、合意を得にくい。その最たるものが、インドが提案し、米国も後押ししている「国際テロリズムに関する包括的条約案（通称「包括的（国際）テロ防止条約」Comprehensive Convention on International Terrorism）である。

同条約案は、あらゆるテロ行為の実行犯だけでなく、首謀者やテロ組織の中心人物も罰することが目的である。この場合のテロ行為とは、「手段の如何を問わず」身体的、経済的損害を狙った行為であるが、あまりにも網羅的で、国内法が整備できないとの批判がある。さらにイスラム諸国は、民族自決運動に伴う武装闘争をテロに含めないように条約で明記すること、国家によるテロリズムも条約の対象に含めることを要求している。自明のことであるが、これはパレスチナ問題を念頭に置いている。そのため、国連総会でも採択の見込みが立たず[47]、この状況は現在も続いている。

つまり、テロリズム全般を対象とする場合は、その定義が問題である。通常、テロリズムという語にはマイナスのイメージがあり、テロ組織と言われる集団はみずからにテロリズムの名を付けないし、テロリストは自分ではテロリストとは思っておらず、他人からテロリストと思われることも避けたがる。[48]テロリズムあるいは国際テロリズムの国際法上確立した一般的定義はない。テロの定義には、公的機関による定義、学識経験者による定義、会見による定義などがあるが、[49]特に公的機関による定義は、権力の行使に直接かかわってくる。そしてこのことは、政治・社会運動への必要以上の規制につながる恐れがある。

たとえば、第１章でも言及したが、南アフリカでは人種隔離政策（アパルトヘイト－apartheid）下、アフリカ民族会議（African National Congress：ANC）は、長い間テロ組織とみなされてきた歴史がある。このため、同グループのリーダーで、人種隔離政策廃止後の初代大統領を務め、ノーベル平和賞も受賞したネルソン・マンデラ（Nelson Mandela）は長らく投獄されていた。ＡＮＣも現在では、政権党である。人種隔離政策時代のＡＮＣが、暴力行為から無縁であったわけではないが、人種隔離政策の撤

47　Asahi.com http://www2.asahi.com/international/kougeki/K2001102701368.html ２００３年1月30日。
48　ブルース・ホフマン（上野元美訳）、『テロリズム』（原書房、１９９９年）35－37頁。
49　大泉光一『多国籍企業の危機管理』（白桃書房、１９９０年）23頁。

廃に貢献した組織でもあった事実を考慮すると、テロ組織の認定およびテロ組織と個々人とのつながりの認定は微妙な問題である。

中東ではテロ・グループが医療サービスも行なっており、これがテロリズムへの同調につながっている。その最たる例はガザのハマスであろう。ハマスは、われわれ日本人には自爆テロを行なう組織というイメージが強烈であるが、一方で病院や福祉施設なども運営し、難民や貧困層に浸透している。選挙によって政権も握った。ハマスのような政治・社会運動が正当なものであるのか、はたまたテロか。あるいはそれらへの支援が人道支援に当たるのか、テロ支援として犯罪となり罰せられるのか。パレスチナ問題が存在する限り、テロの定義が一般的合意を見ることは、ほぼ不可能であり、上記の「包括的テロ防止条約」が陽の目を見ることはあるまい。

実務的には、対テロ条約の有無にかかわらず、前述の国連安保理決議やG7のイニシアチブのように、諸国が結束してテロ対策を実施していることが珍しくない。とは言うものの、各種対テロ条約は、そのような努力にさらに正当性を付与する意味が大きい。条約が存在すれば、国内法の整備や対外支援が円滑になる。もちろん、テロ対策に実効性が伴うか否かは、各国の実施能力によることは言うまでもない。

2004年6月のEU法務・内相会議に提出された報告によると、加盟国の中にはテロ容疑者の引き渡しを容易にすることを意図した域内逮捕状の執行を行なわない国があるとのことである。[50] EUという比較的同質性の高い国々の間ですら、対テロ条約の解釈や履行をめぐっては、差異が存在する。

総括

前述のように、領域内のテロリストを取り締まる意思、あるいは能力のない国家に対して、武力を行使することを、一概に否定はできない。だがそれであれば、武力行使を行なう国は、動機と行動の正当性を確保しなければならない。したがって、国連の場を最大限に活用して、武力行使の必要性を世界に説明するとともに、たとえば、国際刑事裁判所（International Criminal Court：ICC）条約に加盟し、みずからもその要員の行為を律する姿勢を示すことが、正当性を確保する必要条件である。米国のように、この条約の各加盟国と個別に条約を結んで、自国の要員を訴追しない保証を得ていては、国際社会の信用が得られないのではないだろうか。

率直に言えば、人道・人権を無視した一般住民の殺傷やテロ被疑者の取り調べは、テロリズムを戦争とみなして、初めて可能になることであり、治安維持行為では許されないことである。見方を変えると、テロリズムを戦争にしてしまえば、自由主義的・民主主義的価値を否定してもよいことになり、人間の尊厳に対する冒涜にもなりかねない。それは、テロ対策国際協力の正当性を損ない、円滑な実行を難しくする。何より、われわれの基本的価値である民主主義の危機であるのは言うまでもない。

50　BBC NEWS, "Italy holds 'key Madrid plotter'", http://news.bbc.co.uk/2/hi/europe/378595.stm 8 June 2004

つまり、不法な暴力に対して、不法な暴力で報いてはならないということである。

以上のように国際法を介してテロを見た場合に生じる奇異な論理や矛盾は、テロリズムを戦争と捉えることに起因する。テロリストへの軍事攻撃を、全面的に否定はできない。だが、散発的な空襲や特殊部隊による強襲、無人機による殺害は別として、テロ組織（くどいようだが、叛徒やゲリラは別である）あるいはテロ支援国家に本格的軍事攻撃を行なうのは、アフガン戦争が最初で最後ではないか。テロリストはアル・カイダの誤りから学び、分散して一般住民と混在することを鉄則とするに違いない。また、テロリズムを戦争視することの代償を、各国とも目撃したはずである。浮き足立ってテロを戦争と見るのではなく、治安維持の対象として扱い、各国がその主権の及ぶ範囲で、責任を持って取り締まるのが、テロ対策の本道である。

第3節　協調介入あるいは新帝国主義時代の到来

現代の帝国主義とは

アフガン戦争、イラク戦争を受けて、帝国主義論が興隆した。論者によって概念はさまざまだが、ひとつの共通点があった。それは米国の「単独行動主義的傾向」や「一極支配」に注目し、米国を帝国とみなしている点である。つまり、米国を古代ローマになぞらえて、あたかも米国が世界を支配する野望を持っているかのように論じていた。しかし、「帝国主義論者」がその主張の根拠としたアフガニスタンやイラクへの武力攻撃が原因で米国は苦境に陥り、また経済面でも世界に金融危機の一因を作った。現地では混乱が続いており、安定化への出口が見えない。このため、２００９年にはオバマが米大統領になり、米国による一極支配論や帝国主義論は影を潜めた感がある。シリアへの不介入、イスラム国に対する地上軍による介入の見送り（空爆のみ）は、この傾向が続いていることを示す。

本書で言う帝国主義とは、ローマ時代の帝国主義ではなく、列強による帝国主義をモデルにしている。19世紀に欧米（遅れて日本）は世界を分割して、植民地支配を行なった。この19世紀型帝国主義は、第2次世界大戦後の植民地独立により終了した。かつての列強も新興独立国も、法の下では平等な主権国家となった。国家主権の尊重と内政不干渉が、世界の原則となった。しかしながら、現代の列強、たとえばG8プラス欧州連合（European Union：EU）・中国が、必要とあれば一国の主権を無視し、そこに干渉することが許容される、あるいはさらに進んで正当性を持つとみなされうる世界の到来、換言すれば19世紀型帝国主義の復活の可能性を示唆するのが本書の見方である。

この場合の帝国主義とは、必ずしも大国の利益のみを追求するものではない。むしろ、人類の公共益とも言うべきものの達成を目的としている場合も考えられる。たとえば、テロ対策や大量殺戮の阻止、飢餓の救済、大規模感染症対策などである。したがって、「帝国主義」という表現は適切ではないかもしれないが、それでも一国の主権を侵害する可能性のある行動であることには違いない。

現代の帝国主義的政策は一国だけでとりえるものではなく、米国、ヨーロッパや日本、あるいはロシア、中国も含めた現代の列強が協力して初めて実現可能となる。「協調介入」という表現に置き換え可能である。なぜなら、一国あるいはその同盟国の一部だけが是とする政策では、人類の公共益の追求とは言いがたく、正当性に疑義があるからである。換言すれば、列強の間に合意を見れば、主権国家に対する干渉も合法・可能となる。他方、列強の間で合意が存在しないにもかかわらず、一部の国が一方的に帝国主義政策を強行すれば、正当性とともに必要な支援が受けられず、失敗に終わる公算が大である。イラク戦争がこの例に当てはまる。

国家再建あるいは「合法的植民地化」

第１節で見たように、今後とも世界秩序を維持する上で、主権国家システムが他に変わるもののない制度であるが、そのことは将来において、これまでと同様の主権国家システムが機能することを必ずしも意味しない。東西対立（冷戦）期の現実主義の考え方は、各国の国内体制がいかなるものであろうとも、その国が対外的に拡張し、西側の国益に脅威とならない限り、放置しておいてかまわないとするものであった。代表的なものは、正統派現実主義を代表したモーゲンソー（Hans J. Morgenthau）によるベトナム戦争反対論である。彼は反戦論者でも、左翼でもない。ベトナム戦争に反対したのは、ベトナムが共産化したところで、米国あるいは自由世界の安全を脅かすことはないのだから、人命を消耗する軍事介入をしてはならないというものである。このような考え方は、国家の軍事力が国際平和にとってほとんど唯一の脅威たりえると考えられていた時代には、正論であった。

だが、少人数のテロ集団ですら、世界の安全に大きな脅威となりうる今日、このような考え方は時代に合わなくなってきているという考え方もある。今や各国の国内体制は、国際平和にとって重大な関心事である。テロリズムを支援していると疑われている国家、あるいは積極的にテロリズムを支援していなくても、国内のテロ組織を有効に取り締まれない国家は、外国からの軍事介入を受ける可能性が強くなった。2001年のアフガニスタンに対する武力行使がその例である。そればかりか、テロ対策としての合理的な範囲を超えた軍事行動、またはテロ対策とは関係のない軍事行動が、テロリズムに対する自衛の権利を口実に正当化される危険も存在する。異論はあろうが、2005年のイスラエルによるレバノン侵攻、あるいは2003年のイラク戦争がこれに当たる。

そのような軍事介入を行なう能力があるのは、大国、あるいは地域大国（たとえば中東におけるイスラエルなど、世界規模で見れば中小国であるが、一地域では強力な国）に限られる。したがって、主権国家による秩序維持が今後の世界でも続くとは言っても、それは大国中心となり、主権尊重、内政不干渉という主権国家システムの原則が、中小国ないしは弱国には適用されないことが違法ではない世界がもたらされるかもしれない。つまり、主権が尊重される国家と、主権が認められずに介入される国家に分かれる傾向、換言すれば国家の二極化である。

テロリズム関連以外でも、当該政府の統治能力に欠陥があり、その国民の安全、人権を守る責任が果たせない場合、国連憲章に言う内政不干渉の原則も、当然には保証されないとして[1]、いわゆる人道的介入を行なうことが、すでに1990年代に顕著になっていた。国益中心主義から地球市民的立場への「規範の変遷」が緩やかに起こりつつあった[2]。もちろん、人道的動機の背後には、実利的要因が存在しており[3]、たとえば内戦の周辺地域への波及防止などが指摘されていた[4]。

だが、テロ対策のための介入が人道的介入と異なる点は、現地住民の保護が直接の動機ではなく

（少なくとも主たる関心事とはならず）、介入する側の国々の安全保障が動機となることである。現地住民が何らかの形で救済されること、たとえば圧制からの解放や民主化の伸展があったとしても、それは副次的利益に過ぎない。あくまでも体制立て直しによって、「列強」にとって無害な国家とすることが目的である。たとえば、２００１年に始まった米国を中心とした多国籍軍による、タリバンが支配していたアフガニスタンへの武力攻撃の目的は、タリバンが庇護を与えていたとされるアル・カイダの掃討であった。

このような一方的な介入が合法化され、許容される介入（permissive intervention）となる時代を、筆者は「協調介入あるいは新しい帝国主義の時代」と呼ぶ。「新しい帝国主義」が以前の帝国主義と異なる点は、以下の５点に要約できる。第１に、領土の拡張や経済的利益を求めない。それが求めるも

1　Hopkins, Raymond F., "Anomie, System Reform, and Challenges to the UN System", Esman, Milton, J. and Telhami, Shibley (ed), *International Organizations and Ethnic Conflict* (Ithaca: Cornell University Press, 1995), p.96.
2　Bell, Coral, "Changing the Rules of International Politics", AUS-CSCAP Newsletter (Canberra: Australian National University), No.9, February 2000, p.3.
3　片山善雄「人道的介入の動向」(『警察政策』第３巻第1号、２００１年1月) １７１－72頁。
4　Schachter, Oscar, "Sovereignty and Threats to Peace", Weiss, Thomas G. (ed.), *Collective Security in a Changing World* (Boulder: Lynne Rienner, 1993), pp.30-31.

のは、「列強」の安全である。「新しい帝国主義」は経済的には、少なくとも短期的には、マイナスである。アフガン戦争によって、米国は石油資源に恵まれた中央アジアに足場を得たとする見方もあるが、それはあくまでも副産物であり、アル・カイダを壊滅することが戦争の主目的であった。この点、開戦理由が米国の石油利権や関係の深いイスラエルの安全確保など、さまざまに推測されているイラク戦争とは異なる。

第2に、かつての帝国主義のように、排他的に支配するのではなく、できるだけ多くの国々で協調して介入することになる。１９４５年以前にも、義和団事件のような共同出兵の例はあるが、それは例外的であり、各列強は世界を分割し、排他的に植民地や租借地を維持していた。協調するには、国連安保理の介入容認決議があることが望ましい。国際的合意の存在を示すことで、正当性が確保できるとともに、種々のコストを分担し合う効果がある。ただし、協調するとは言っても、介入後の復興支援に関する各国の利権争い、あるいは困難な事業の押し付け合いは大いにありうる。アフガニスタンに派兵していた国々の多くは、増派や危険な任務を請け負うことには消極的であり、派遣部隊に行動制限をかけているところが多かった。

第3に、世界の永続的「植民地化」を図るのではなく、危険と思われる国にのみ介入し、国家再建の後には、「独立」させる。「植民地」状態は、あくまでも暫定措置である。各国とも、自国の軍隊を無期限に駐留させることは望まない。責任ある新政権が樹立されれば、速やかに撤退したいところである。介入国の関心は、新政権にテロリストを取り締まることを含め、きちんとした統治能力を持たせることである。だが、国民の支持を得、長期的に安定した政権を樹立することにまでは手が回らず、中途半端に現地政権に権力を委譲して、かえって状況を悪化させる可能性も小さくない。アフガニスタンやイラクの状況は、これに当てはまる。

第４に、現代は現地住民の支持を得た介入でなければ、成功しない。過去においては、現地住民の政治的未成熟のために、抵抗が組織化されなかったり、抵抗戦術が強力でなかったり、あるいはそもそも抵抗意識が低かったりしていたために、現地住民の抵抗を抑え込むことができた。だが、第２次世界大戦後の植民地独立の歴史を経て、外国の軍事力による支配は、現地住民の強い反発を招くようになった。また、情報通信技術の発達により、武装グループは闘争のノウハウやプロパガンダ能力を向上させた。

第５に、上記にも関連するが、現地住民の人権を尊重しなければならない。外国への介入は、かなりの程度、軍事力に依存せざるをえない。だが、軍事力の使用には、一般住民を巻き添えにする恐れが極めて高い。これに加えて、現地の文化の無理解によって、思わぬ反発を招くことが少なくない。現地住民の支持がなければ、安定した体制作りは難しい。

「新しい帝国主義」の問題点

以前の帝国主義と異なるとはいえ、「新しい帝国主義」は、各国家の法の下の平等の否定である。

すなわち、第2次世界大戦以後の世界の理念であった民族自決、主権の尊重、内政不干渉などの原則の根本的変更である。これまでも国連安保理における常任理事国の拒否権保持や、核拡散防止条約下での核保有国と非核保有国との取り扱いの差などはあった。だが、各国は不平等を承知の上で、それらの体制に参加したのである。

当該政府の意思に反して、軍事介入を行ない、新たな政府を樹立することは、1945年以後も事実上は行なわれたことはあるが、「新しい帝国主義」ではこれに公然と一般的正当性が認められることになる。冷戦が終結し、共産主義という対抗イデオロギーの消滅により、民主主義的価値が強調・意識されなくなり、大国の利益がより重視されるようになった結果だと言えば言い過ぎであろうか。9・11事件は歴史の転換点となるかもしれない。

しかし、中小国の主権が制限されるからと言って、それがただちに道義的に拒否すべきものとはならないであろう。主権国家システムの下では治安維持は各国の責任であるが、そのことと破綻国家には取り締まり能力がないという現実との葛藤がある。秩序と正義は、必ずしも同義ではない。独裁国家において秩序が保たれていても、それを正義が実現されているとは言えまい。両者のバランスをとる必要がある。大国による国際秩序の維持は、すべての国に平等の正義を与えるとは限らないのである。

問題は「新しい帝国主義」政策が、その適用に当たって、正当性を確保できるかであろう。一国の主権を侵害し、内政不干渉原則に抵触する行為、つまり国際法違反の行為をする訳であるから、説得力のある「違法性阻却事由」が必要である。テロリズムの脅威が深刻で将来も持続する可能性が濃厚であること、問題となっているテロ組織が当該国を拠点としている明白な事実があること、当該国にテロリストを取り締まる意思あるいは能力がないこと、介入に国際的合意（国連安保理の容認、または少なくとも地域機構の支持）があること、過剰な武力行使を行わないこと、一般住民の被害を最小限にすること、捕捉したテロ容疑者あるいは抵抗した当該国の戦闘員の処遇については然るべき人権を尊重すること、責任ある新政権樹立後は速やかに撤退することである。

以上の条件を満たさない場合には、次のような不幸な結果を生じるであろう。すなわち、対テロ国際連帯にひびが入り、内外の世論の支持を失い、将来のテロリスト誕生の種子を蒔くことになる。テロ対策としては、逆効果である。さらに悪いことには、民主主義国家の基本的理念を損ねて、介入した国にとって自己破壊となる。

コリアー（Paul Collier）は、テロ対策も含めて秩序の回復、紛争後の平和維持、クーデターの阻止のために、適切な軍事介入の必要性を論じている。[6] 統治不能となった国家（厳密に言えば、もはや国家で

5　ヘドリー・ブル（臼杵英一訳）『国際社会論』（岩波書店、2000年）273頁。Bull, Hedley, *Anarchical Society* (2nd Edition) (London, MACMILLAN, 1995), p.220.

6　ポール・コリアー（中谷和男訳）『最底辺の10億人』（日経BP社、2008年）203－06頁。

はないが）は、テロリズムだけでなく、感染症、麻薬生産および取引、海賊、大量の難民流出などで、他の国々に対して、災厄の源となる恐れがある。コリアーは、破綻前に国際的な保健機関が介入して天然痘を撲滅したソマリアの例を挙げ、破綻後ではそのような介入は不可能であり、現在でもソマリアでは天然痘が流行していたとする。それはソマリアだけでなく、人類にとっても不幸な事態であった。

極論すれば、仮想の例ではあるが、核保有国が崩壊し、核兵器システムの管理が危うくなり、テロ集団や密売組織等が核兵器・核物質を奪取する可能性も考えられる。そのように判断される場合、私的集団への核拡散を阻止する目的で当該国に軍を派遣し、核兵器・核物質を押さえることは国際社会の公益である。[7] そのような国は、あまり数が多くないので、予め核兵器・核物質の所在地を把握しておき、タイミングを逃すことなく介入しないと手遅れになる。

「列強」の限界

「新しい帝国主義」が許容されると言っても、テロリストを取り締まる意思あるいは能力がない国に対してであって、テロ対策に取り組んでいる国に対して、その取り組み方がみずからが期待するものと違うからといって、批判するのは賢明ではない。たとえば、インドネシアで発生した一連の爆破事件に関連して、インドネシアとオーストラリア・米国との間に軋轢が生じた。

２００２年10月にインドネシア・バリ島で、発生した爆破事件に関連して、事件を起こしたイスラム過激派ジェマァ・イスラミア（Jemaah Islamiah）と関係が深いとされるイスラム教指導者、アブ・バカル・バアシル（Abu Bakar Ba'asyir）が逮捕された。バアシルは国家転覆罪などの疑いで起訴されたが、２００４年３月、国家転覆罪に関しては無罪となり、出入国管理法違反で懲役18ヵ月の判決が確定した。[8] ところが、インドネシアの警察は同年４月に、新たな証拠に基づいてバアシルを再逮捕した。検察は反テロ法に基づき、２００３年８月にジャカルタで発生したホテル爆破事件を扇動、計画、共謀した容疑等で、また、バリ島事件に関連しては一般刑法での共謀犯としてバアシルを起訴した（反テロ法はバリ島事件の後で制定されたので、同事件には適用されない）。[9] 最終的に２００５年８月、バアシルはジャカルタ・ホテル爆破事件に関しては無罪、バリ島事件に関しては懲役30カ月の判決を受けた。[10] 独立記念日恩赦で契機が短縮され、拘置期間も合算されて、バアシルは２００６年６月に出所した。

7　Levi, Michael, *on nuclear terrorism* (Cambridge, Harvard Univesity Press, 2007), p.25.
8　BBC News, "Fresh arrest for Indonesia cleric", http://news.bbc.co.uk/2/hi/asia-pacific/358899.stm, 30 April 2004　２００４年４月30日アクセス。
9　BBC News, "Indonesian cleric's trial begins", http://news.bbc.co.uk/2/hi/asia-pacific/395889.stm, 28 October 2004　２００４年10月28日アクセス。

バリ島事件で多くの自国民の死者を出し（2005年10月にもバリ島で爆破事件が起こってオーストラリア人の死者を出している）、2004年9月、ジャカルタで大使館が狙われた爆破事件を経験しているオーストラリアでは、これに対して不満の声が上がった。ハワード（John Howard）オーストラリア首相（当時）はヨドヨノ（Susilo Bambang Yudhoyono）インドネシア大統領（当時）に親書を送り、「個人的な深い関心と国民の心痛」を伝えた。その後、ハワード首相はインドネシアを訪れて、ヨドヨノ大統領と会談した。会談では、両国は互いの法体系を尊重し合うこと、オーストラリアはインドネシアの少数民族の分離独立運動を支持しないこと、インドネシアはテロリストの監視を続けることが確認されたが、共同声明は発表されず、オーストラリア放送協会（Australia Broadcasting Corporation：ABC）は、バアシル問題は解決されなかったと報じている。[11]

だが、そもそも両国間に「バアシル問題」が存在するのであろうか。たしかにテロリズムは世界的な課題であるし、オーストラリアはインドネシアに拠点を置くテロ組織の標的である。だが、インドネシアとしては、法的手段は尽くしているのであって、他国から指図を受けるいわれはない。それは悪くすれば、主権の侵害である。外交問題になる恐れがあるという理由で、インドネシア政府が自国の裁判所の判断に干渉すれば、それこそ民主主義の大原則である三権分立に抵触する。民主化はスハルト（Suharto）以後のインドネシアに対して、先進国が求めてきたものではなかったのか。[12]

テロリズム対策の基本は、各国が自国領土内でテロリストを取り締まることであり、国際協力は必要だが、そのためにも互いの主権や法体系は尊重し合わなければいけない。オーストラリアの姿勢は、インドネシア国民の間で外国への反発を招き、かえってバアシルらイスラム過激派の影響力を強めることにつながり、インドネシアが進めている民主化を阻害するものである。

また、インドネシアのスダルソノ（Juwono Sudarsono）国防相（当時）は、東南アジア歴訪中の米国のラムズフェルド国防長官（当時）と会談し、米国のテロ対策は逆効果であり、米国のやり方を強いると同盟国を離反させてしまうと警告した。同国防相は、テロ対策はそれぞれの当事国が責任を負うべきであり、米国の高圧的とも見える姿勢は米国自身のためにならないと述べた。[13] まさに至言である。

10　BBC News, "Bali conspirator's jail terms cut", http://news.bbc.co.uk/2/hi/asia-pacific/4158270.stm, 17 August 2005 ２００５年８月18日アクセス。

11　ABC Online, "PM, SBY talk of respect for legal systems", http://www.abc.net.au/news/newsitems/200606/s/1672323.htm, 26 June 2006 ２００６年６月30日アクセス。

12　その後、バアシルはアチェにおけるテロ活動を支援した廉で対処・起訴されて、２０１２年禁固15年が確定した。http://www.thejakartapost.com/news/2012/02/28/court-rejects-ba-asyir-s-appeal.html ２０１５年10月14日アクセス。

13　BBC News, "Jakarta warns US on terror stand", http://news.bbc.co.uk/2/hi/asia-pacific/5050852.stm, 6 June 2006 ２００６年６月30日アクセス。

21世紀型帝国主義とは

「新しい帝国主義」は、使い方次第で、善にも悪にもなる。それは人類の公共益とも言うべきものに資するものであって、「全世界的な協調的介入」と称することもできよう。「列強（大国）」の力は極めて制限されている。それは、実効性ある統治とは、当事国の意思と能力に多くを負い、外国が強制して効果が上がる性質のものではないからである。対テロ政策に関して言うならば、外国にできることは、警察・司法改革など現地政府の統治能力向上に協力し、住民の政府に対する信頼構築を間接的に支援することである。

したがって、「新しい帝国主義」原則、すなわち主権制限や干渉が一定の条件で容認されるという原則は確立されても、適切な適用は容易ではないし、相当の労力が要る。軍事介入は最後の手段であり、その前に説得や経済的見返り・制裁を用いて、自発的に治安維持能力を向上させ、テロリストの取り締まりを強化させる努力は欠かせない。多くの場合、この方式が功を奏している。

米国の「単独行動主義的」傾向が懸念されていたが、破綻国家あるいはテロ支援国家への介入は一国だけでは難しい。軍事的にテロ支援政権を打倒することは可能であるとしても、国家再建の支援や、そのための経済的負担は他国にも求めざるをえない。何より当事国の国民の努力が欠かせない。米国を中心とする諸国は、タリバン政権打倒には成功したが、新生アフガニスタンの再建には、有効な手立てがない。これは何らかの理由によって、米国が後押しする国家再建が現地で不人気だからであろう。

いかに軍事的に米国が他国の追随を許さないほど強力であっても、単独では帝国主義的政策を追求できない。正当性が必要であり、その確保には、国連安保理の承認が最も効果的である。国際的正当性の必要は認めつつも、中ロや途上国を除外するため国連を迂回し、米主導の新たな組織の創設を訴える論者もいるが[14]、イラク戦争を経て米国の権威が失墜した今となっては、この構想は消滅したも同然である。アリソン（Graham Allison）は、イラク戦争での最大の犠牲は、米国が第２次世界大戦後、世界のリーダーとして築いてきた信頼が損なわれたことだとしている（最大の犠牲はイラク国民の生命であるが－筆者）[15]。米国はその同盟国や友好国、あるいは戦略的要衝の国および中国、ロシアとの協調が不可欠であるが、「新しい帝国主義」のための協調は、調整が容易ではない。このことは２０１１年に発生したシリアでの動乱に関し、シリア政府に収拾能力はないが、取って代わる勢力もなく、米欧中ロおよび中東各国（トルコ、サウジアラビア、イラン、イラク）の政策も一致せず、解決の方向さえ見えないことが示している。

一国に公然と軍事的に介入し、新たな政権を樹立することには、同盟国同士でも複雑な利害が絡む。

14　Mallaby, Sebastian, "Reluctant Imperialism," *Foreign Affairs* Vol.81, No.2 (March/April 2002), pp.6-7.
15　グレアム・アリソン（秋山信将、戸崎洋史、堀部純子訳）『核テロ』（日本経済新聞社、２００６年）２２２頁。

イラク戦争をめぐる米英豪と独仏の、本来、緊密に協力し合わなければならない国同士の対立が、このことを如実に物語っている。各国の利害が複雑に入り組むことは、「新しい帝国主義」に存在する内在的限界である。

将来、テロリストの脅威がより深刻となれば、大国はテロリストが拠点としている国への介入という選択肢を保持しているが、それには大国間のコンセンサスが必要である。単独行動主義と新しい帝国主義とは、両立しないのである。

第3章　今後のテロ対策

第1節　軍事力とテロリズム

テロリズムは戦争か

9・11事件の直後、当時のジョージ・W・ブッシュ米国大統領は「これは戦争だ」と叫んだと伝えられる。その後、記者会見で、ブッシュはテロとの闘いは、敵が国家ではなく、目に見えない国際テロ・ネットワークであること、単に軍事力のみならず、外交、情報収集、警察・司法、経済、資金の封鎖・凍結、人道援助など、利用可能なあらゆる手段を用いて闘う必要があることなどの点で、従来の戦争概念とは異なる「新しい種類の戦争」と述べている。[1]

だが、「単に軍事力のみならず利用可能なあらゆる手段を用いて闘う必要がある」のは、従来の戦争も同じである。20世紀の二つの世界大戦は、その最たるものではなかったか。敵が「目に見えない……ネットワーク」と言うが、目に見えない相手にどのように軍事的打撃を与えるのか。戦争とはまったく異質の行為に、既存の戦争概念を拡大して、「新しい種類の戦争」と呼ぶことが適切なのか。

交通戦争、受験戦争と言うように、修辞でならばともかく、テロリズムを戦争と呼ぶのは、誤った理解のもとと思われる。軍事的対応は過剰反応となる可能性が高く、第1章で見たように、過剰反応はテロ対策上、マイナスである。しかしながら、テロリズムのグローバル化、大規模災害化が出現した現在、テロリズムを戦争と呼ぶことは疑問であると言うだけでは、問題は解決しない。安全保障全体の中で、テロリズムをどのように捉えるのが適切なのかを探ることが必要である。

世界的に確立した戦争の定義というものがある訳ではないが、これまで戦争と呼ばれてきた事象について、大方の共通認識は次のようなものであろう。すなわち、戦争とは一定の土地、住民を排他的に管理する組織（国家、交戦団体を含む国家に準じるもの）あるいはその集合体（同盟、国際機関）同士が、主として軍事力を用いて、意思を押し付けることである、と。この認識に従えば、比喩ならばともかく、テロリズムおよびテロ対策は、戦争とは言えない。

さらに細かく分析すると、戦争には以下の特徴がある。第1に、戦争は軍が中心となって行なうものである。総力戦であれば、軍事目的にかなうように、軍以外の各機関は行動することが求められる。

1　防衛庁『平成14年版防衛白書』4－5頁。

第2に、戦争は武器の使用が原則として自由である。警察による治安維持活動とは異なり、必要最小限度ではない。圧倒的な破壊力で敵を殲滅する、すなわち最大限の武力行使が戦争の原則であり、化学兵器、生物兵器など条約で禁じられている兵器以外はほぼ自由に使える。第3に、戦争は非戦闘員を巻き込んで死傷者を出すことも辞さない。作戦遂行上必要であれば、国際法上問題があるとしても、実際には躊躇せずに行なわれる。空爆はその典型である。第4に、当然のことではあるが、戦争では戦争犯罪など特別な場合を除き、生命財産に危害を加えた行為でも罪に問われない。元来、戦争とは生命財産の破壊行為である。

以上のいずれの特徴も、テロリズムに当てはまらないことは明白であろう。第1にテロ対策とは治安維持行為であり、主務機関は警察等の法執行機関である。テロリストは、大挙して重火器を用いて攻撃してくるのではない。攻撃直前まで、一般市民に紛れ込むか、物陰や遠くに隠れるなどして、できるだけ行動を気付かれないようにする。不審者を発見して、状況に応じた措置をとることが事件を防止する。起こってしまった事件に関しては、証拠を集めて、犯人を逮捕する。この不審者を発見する技術は、日常の警察活動を通じて、経験的に体得する、すなわちオン・ザ・ジョブ・トレーニングで得られるものである。

第2に、法執行機関による武器の使用は、必要最小限が原則である。日本では武器を使用して人に危害を与えることが許されるのは、正当防衛、緊急避難および逮捕活動の際に抵抗・逃走を防ぐ場合に限定されており[2]、その場合でも、職務遂行の目的と武器使用によって生ずる社会的不利益とが正当な均衡を保つこと（簡単に言えば、犯罪の凶悪さと犯人が受けた傷の程度が釣り合うこと）が要求される。軍事作戦のように、目標を定めて一斉射撃や砲撃を行なう（すなわち、「撃ち方始め」）のとは根本的に異なる。

第３に、対テロ活動中に、一般市民を巻き添えにして犠牲者を出すことは、罪に問われる可能性が大きい。たとえ法律的には免責されるとしても、作戦の失敗には違いない。人命尊重はテロ対策の柱のひとつである。一方、戦争の目的は人命を守ることではなく、国家の意思を押し付けることである。作戦に付随する犠牲は、敵味方を問わず、やむをえないものとして受けとめられるのが実情である。

第４に、テロリストは犯罪者であって、以下に述べる場合を除き、罪を償わなければならない。まず時効が成立すること。これは通常の犯罪と同じである。あるいは、テロ行為を行なった団体に、法律上正当な地位を認めて、和平が成立すること。事実上の交戦団体としての承認である。北アイルランドなど、民族紛争に関係するものが多い。

2　詳しくは、「警察官職務執行法」（昭和23年７月12日法律第１３６号）第７条参照。

火力の優勢の意義

テロリズムは領土の取り合いではなく、生命、機能をめぐる紛争であり、火力の優勢は著しく限定的な効果しか持たないか、逆効果ですらある。[3] テロリストは、住民と混在しているのが普通である。治安維持行為においては、住民もろとも爆弾で吹き飛ばすことは論外であるし、またテロリストの隠れ家を発見したとしても、それを警告なしに砲撃して犯人を殺害することは、法治国家のすることではない。

たとえば、オウム真理教のサティアン捜索に当たって、警察はサリンによる攻撃に晒される危険を冒して、化学防護衣を装着して建物内を捜索した。警察官の武器使用が厳しく制限されているからというだけではない。訴追するために証拠を集めなければならないし、教団の正体を知らずに入信した者は保護しなければならない。サティアンへの砲撃、爆撃など論外であり、これこそが治安を維持するということである。

9・11事件に関連するアフガン作戦は、戦争でないもの（9・11事件）を戦争（アフガン作戦）にしたと言うことができる。前述のように、事件を起こしたとされるビン・ラディン率いるアル・カイダは、テロ集団としては例外的に山岳地帯に潜んでおり、地理的領域と一体化できたため、空爆が可能であった。その結果、いわゆる「誤爆」で一般市民に犠牲者を出しており、その上、タリバン政権は転覆させたものの（タリバン政権自体は9・11事件に関与した事実はない）、9・11事件の首謀者とされているビン・ラディンの身柄を確保することも、事件を解明することもできなかった。ビン・ラディンの居場所を突き止め殺害したのは、10年後の２０１１年であった。

正義（法の執行）と戦争

アフガン作戦は９・11事件を戦争とみなさなければ、正当化できなかった。一般市民の犠牲も、捕捉したタリバン兵やアル・カイダの一味を違法な戦闘員として扱うことも、「戦争」という名目だからこそ許容されることとして（あくまでも米国の立場であるが）、説明可能であった。

だが、本来、戦争ではないものを無理に戦争にしてしまうと、一度だけならテロ対策として効果があるかもしれないが、繰り返すと矛盾を露呈する。テロ集団とは無関係な一般住民の生命を、「未必の故意」で奪うことが文明国のやり方なのか。それは理念の面から疑問があるだけでなく、将来的にテロ運動の支持者やテロリスト予備軍を作るという点で、実益の面からも得策ではない。

また、テロリストを犯罪人ではなく、「違法な戦闘員」として処置することは、当局の判断次第で

3　「新たな脅威どう対処　専門家に聞く－片山善雄」、『朝雲』（朝雲新聞社、２００１年９月20日）。同紙は主として防衛省・自衛隊内で購読されている。

無期限に弁護人も付けずに拘束することを可能にする。事実上の私刑という性格付けも排除できない。「違法な戦闘員」としての処置とは、本来、占領地での秩序を維持するための行政行為のはずであり、これをテロ対策に適用することは、近代司法体系の否定である。

テロリズムと混同されがちなもの——叛徒・ゲリラ・コマンドゥ（武装工作員）

テロリズムと混同されがちなものに内戦・叛乱とコマンドゥ攻撃がある。伝統的戦争とは異なり、非正規勢力が正規軍に対してさまざまな方法で間接的に攻撃を加えることを「非対称の戦争」と言い[4]、その際テロリズムを付随する戦術として用いることがある。２００３年5月以降のイラクの一部地域は「治安が悪い」とよく言われるが、この表現は妥当ではない。そのようなレベルではなく、維持すべき法秩序が事実上存在せず、状況は叛乱状態である。米軍などの対応も、叛徒が潜んでいるとの情報に基づいて、一般住民を巻き添えにして空襲する例もあるなど戦闘行為であり、治安維持行為とは言えない。叛乱掃討はテロ対策とは異なる。

内戦の場合に、反政府勢力は非正規戦的手段を使うことが多く、そのためしばしば叛徒あるいはゲリラと呼ばれるが、物理的制圧に重点を置き、領域を支配することができる。また、テロリストと異なり、国際法上、交戦団体と認められることがあり、法的、政治的に正当な地位を獲得することが可能である。歴史上は中国の紅軍、八路軍、ベトナムのベトミン（Việt Minh）、南ベトナム解放民族戦線、現代ではタリバン、「イスラム国」がその例である。

テロリストの行為は犯罪であるが、反政府武装勢力すなわちゲリラの場合は戦闘行為とみなされうる。テロ組織の中には、自分たちをゲリラと呼ぶように要求するものもある。逆に政府の側は、犯罪者に正当な地位を与えかねないので、テロリストという呼び名に固執する。１９８０年代、アイルランド共和主義者軍（Irish Republican Army：IRA）は英国政府にみずからをゲリラと認めるよう要求したが、サッチャー（Margaret Thatcher）政権の英国政府はこれを拒絶した。サッチャーの後を引き継いだメージャー（John Major）は方針を転換して交渉の道を開き、これが１９９８年のベルファスト合意につながり、騒乱が沈静化した。

キューバ革命を率いたゲリラ戦の理論家でもあり、実践者でもあるエルネスト・チェ・ゲバラ（Ernest Che Guevara）は、インフラに対する破壊活動（サボタージュ）と個人に対するテロリズムとを明確に区別している。彼は、破壊活動はゲリラ戦に有効な方法だが、テロリズムに関しては、特定の個人の暗殺を除き、無差別なものとなりやすく、人心を離反させるとして否定している。[5] コマンドゥは正規軍の特殊作戦部隊であり、武装工作員とも言う。その活動は国家に基づいている。コマンドゥ

4　BBC News, "One step ahead of the US military", http://news.bbc.co.uk/2/hi/middle_east/4534799.stm 11 May 2005
5　エルネスト・チェ・ゲバラ（五十間忠行訳）『ゲリラ戦争』（中公文庫、２００２年）33－34、１２３－24頁。

は挑発や侵攻の手引き等を行なうが、少人数で行動するので、長期にわたって領域を支配する能力はない。また、コマンドゥは所属する国家を特定しやすい。したがって、コマンドゥそのものへの反撃もさることながら、送り込んだ国への報復が可能である。さらに、テロリズムと異なり、コマンドゥ攻撃には国際情勢の緊張が伴う。適切な時機にコマンドゥを送り込もうとする国に警告を発することで、コマンドゥ攻撃を抑止することができる。コマンドゥ攻撃に対しては、テロ攻撃とはまったく異なる対処をしなければならない。

たとえば、仮にわが国に対してコマンドゥ攻撃が行なわれれば、それは武力攻撃事態であり、自衛隊の防衛出動および日米安全保障体制の対象として処置すべきである。これにより、米国の関与を確保できる。また、この方針を明示しておくことで、米国による抑止が有効となる。抑止が効果的であるという点で、コマンドゥ攻撃はテロ攻撃とは異なる。現実には初期段階ではテロ攻撃であるのかコマンドゥ攻撃であるのか判断が難しいことも予想されるが、攻撃してきた国に対して、その攻撃に見合わないような打撃を米国が与えるという、事前の警告が有効なのである。このように、わが国にとっては日米安保体制が主たる対抗手段であり、それを最大限、利用するという点でも、コマンドゥ攻撃は治安維持の対象ではなく、武力行使の対象である。[6]

現代の武力紛争とテロリズム

武力紛争の主流が国と国の間あるいは国と国に準ずるものとの間の紛争であり、紛争当事者が統制のとれた組織であった時代とは異なる発想が、現代には必要である。現代の紛争当事者は組織の流動化・多元化が特徴であり、その特定が難しい。つまり、現代の安全保障環境はアナーキー化が進んでおり、武器の使用と武力行使との関係は、この文脈で論じる必要がある。

たとえば、国際法上は、国際治安支援部隊（International Security Assistance Fore：ISAF）のタリバンに対する武器使用は、本来、アフガニスタンの警察が行なうべき活動の支援、すなわち治安維持活動であって、武力行使には当たらないと解釈されている。[7]だが、タリバンやあるいはフセイン政権崩壊後のイラクの武装勢力に対する武器使用の性格が、国際法理論的に武力行使ではないとしても、事実上は戦闘である。一般住民に死傷者を出すことが予測できる空爆や砲撃が治安維持、すなわち警察活動の一部とは言えない。

言葉の真の意味での治安維持である法秩序の維持（maintenance of law and order）と、実質上の戦闘である叛乱掃討（counter-insurgency）とを混同すべきではない。治安維持と武力行使との間には、性格の違いが厳然と存在する。両者を混同すると、過剰な実力行使が実施され、一般住民の人権が軽視

6　1960年に改訂される以前の旧日米安全保障条約では、米軍を治安維持のために利用することが可能であった。
7　2008年10月23日第170回国会参議院外交防衛委員会議事録第1号、10月28日同第2号。

される危険性がある。開発途上国においては、警察と軍との違いが曖昧なところもあるが、将来、民主主義を定着させるには、両者を峻別することが肝要である。イラク戦争を分析した「イラク研究グループ・レポート（いわゆるベーカー・レポート）」によると、イラクの警察には、実質的に軍隊であり、国防省の下に移行させるべき組織と、地域社会の安全のために活動している、本来の警察と言うべき組織が混在しており、これがイラクを不安定にした要因のひとつであるとしている。[8]

状況によりやむをえず武器の使用が必要になるかもしれない活動と、武器の使用を前提とする活動、換言すれば武器を使う積極的な意思のある活動とでは、基本的性格が異なるのである。治安維持における武器の使用は、必要最小限度や比例性の原則を遵守して行なうべきものである。他方、叛乱掃討における武器の使用は敵勢力の殲滅であり、一般住民に被害を出すことも辞さない。必要最小限度や比例性の原則が守られる状況ではないからである。[9] これは武力行使と解釈すべきである。

テロリズムは治安維持行為の対象

なぜテロリズムは犯罪であって、戦争ではないと考えるべきなのか。さまざまな視点はあるが、ここではテロリズムの脅威はどこから来るか、そしてテロリズムに効果的に対処するにはどうすればよいかという点から説明する。国防は外からの脅威に対するものである。「外から」とは、国境を越えて侵入して来るか、内戦の場合は、反政府ゲリラが支配している地域からやってくるという意味である。いずれにせよ、敵陣と自陣が区別され、領土への攻撃が可能で、火力の優勢がものを言う。

　これに対して、治安は内にある脅威に対処する。テロリズムは、一般市民に紛れ込んでいる犯人が行なうものであり、市民の生命、社会の機能を脅かすことで、恐怖心や不安感をかき立て、これを何らかの政治目的に利用することを狙う。テロリズムもテロ対策も、領域の支配をめぐる闘いではなく、市民の支持あるいは正当性をめぐる闘いである。火力の優勢は決定的な強みとはならず、かえってマイナスになることもある。

　このように、脅威が内にあるために、テロへの対処は戦争ではなく、犯罪として行なうべきなのである。すなわち、火力に頼って敵を施設ごと殲滅するのではない。テロリストを市民から孤立させ、国外からの支援を絶つ。実力行使は最小限度に抑え、できる限り通常の市民生活を維持するよう努める。[10]具体的には、一般市民の中から不審者を発見し、事件を未然に防いだり、犯人を処罰したりする。

8　James A. Baker III, and Lee H. Hamilton, co-chairs, *The Iraq Study Group Report* (New York, Vintage, 2006), pp. 78-83.

9　軍事用語では、一般住民の犠牲者を付随的損害（collateral damage）と呼ぶ。だが、死傷した者やその家族友人にとっては、「付随的」ではない。一般住民の犠牲を「付随的」と呼ぶ感覚では、治安維持に従事しても、逆効果である。一般住民に死傷者を出さないことが、治安維持に課せられた大前提である。

10　Howard, Michael, "What's in a Name? – How to Fight Terrorism", *Foreign Affairs* Vol.81, No.1 (January/February 2002), p.8.

一般市民を巻き添えにすることは許されないのである。これは本来的に警察の任務であって、軍が警察を支援する際でも、細心の注意が必要となる。[11] 被害の大きさや影響の深刻さが、犯罪か戦争かを決めるのではない。あくまでも脅威の性質とそれへの対応の仕方が問題なのである。たとえば、保険金目当てに旅客機を爆破し、数百名の乗客乗員を殺害したとしても、そのような事案は戦争ではないのと同じである。

適用される法律にも違いがある。少なくとも民主主義国においては、テロリストは犯罪者として刑事法に基づいて処罰される。当局による実力行使は必要最小限でなければならず、逮捕されたテロリストには被疑者としての権利が保証されねばならない。戦争状態においてのみ適用される条約や法律が、戦争概念の拡大によって、半永久的に適用されることになると、日常の市民生活が安定しなくなる。適用される法律に関しては、戦時と平時との間に第三の道は存在しない。いわゆる「グレー」はないのである。

だが9・11事件に関しては、次のような疑問が出てくるかもしれない。第1に、9・11事件のような国際テロの脅威は、外から来たのではないのか。第2に、9・11事件には、米国をはじめとして、各国が戦争として対応したのではないのか。第3に、9・11事件では、アフガニスタンへの軍事攻撃が、事件を起こしたと見られるアル・カイダに大きな打撃を加え、これがテロ対策として一定の効果を上げたのではないのか。

たしかに国際テロ・グループは、国境を越えて活動するが、事件を起こすためには、標的となる国に、多くの場合は公然と入国し、一般市民に紛れ込み、襲撃の時を待つ。9・11事件も同様だが、前述のごとくさまざまな段階で犯行を防ぐことができたかもしれない事件である。

アフガニスタンのアル・カイダの拠点を破壊し、タリバンを追放するには、軍事攻撃が必要と米国は判断した。事件への対応を戦争にする必要があったのである。いわゆる「誤爆」は、戦争と言わなければ、法的に正当化できない性質のものである。もちろん、「誤爆」でも許容範囲が存在する。[12] また、戦争と言わなければ、捕捉したアル・カイダやタリバンの一味を、「違法な戦闘員」として裁くことはできない。

だが、国連安保理が、いつでもテロリズムに対して自衛権を認めるわけではない。外国にあるテロ組織を叩くには、その国の政府に取り締まりや容疑者の引き渡しを求めるのが、主権国家からなる現代世界の常道であるし、何よりも効果的である。一方的な軍事攻撃や、捕捉・拉致は主権の侵害であ

11　軍を治安維持に使用する際の問題点としては、Wardlaw, Grant, *Political Terrorism* (2nd ed.) (Cambridge: Cambridge University Press. 1989), pp.87-102. および片山善雄「テロと日本の安全保障」（『防衛研究』第1巻第7号、1996年2月）15－21頁参照。

12　タリバン政権を転覆させるだけでも1000名以上の一般住民の犠牲者を出したことは、法的側面は乗り越えられても、道義的、政治的には疑問が残る。Roberts, Adam, "Counter-terrorism, Armed Force and the Laws of War", *Survival* Vol.44, No.1 (Spring 2002), pp.18-19.

り、そのようなテロ対策は一時的にはあるテロ組織に打撃を加えることができても、繰り返されると、世界の無秩序化につながる。また、攻撃者に対する憎悪を助長し、かえってテロリズムを煽る可能性が強い。

第2章でも述べたように、軍事攻撃によってアル・カイダに大きな打撃を与えることができたのは、タリバンが支配していた地域を、アル・カイダ一味の拠点と同一視できたからである。だが、地理的に「面」として拠点を確認できるテロ組織は希で、通常はテロ組織の拠点は「点」として住民と混在しているのである。テロ組織に対する火力の使用には慎重でなければならず、過剰使用は正当性や世論の支持を失い、逆効果にすらなりかねない。

テロリズムは本質的に非軍事の事象として対処

テロリズムあるいはテロ対策を戦争と呼ぶことは、軍が対テロ主務機関であるとか、軍事的対応がテロ対策の中心であるかのような誤解を招きやすい。言うまでもなく、軍をテロ対策から排除することは現実的ではない。軍でなければ果たせない任務、軍が請け負うのが最も適切な任務がたしかに存在する。だが、それは軍がテロ対策の主導的役割を果たすことを奨めるものではない。

詳細は後に譲るが、軍にとってテロ対策とは、文民権力への支援（Military Aid to Civilian Powers : MACP）、あるいは戦争以外の活動（Military Operations Other Than War - MOOTW、Military を省略してOO

ＴＷとも言う）である。定義からしても、軍の主たる任務ではなく、[13]軍は他の機関から指示・要請を受けるか、多くの担当機関のひとつに過ぎないのである。[14]軍事偏重のテロ対策は逆効果であり、また軍に過度の期待を寄せることは、軍から国防のための能力を割くことにもなり、安全保障全体から見てマイナスである。

言葉は独り歩きする。観念上だけではなく、テロリズムを「戦争」と呼ぶことには、実際に危険が潜んでいる。なぜなら戦争という語には、どうしても軍事力主体のイメージが付きまとうからである。無意識のうちに先入観の虜となり、戦争の発想でテロ対策を行なうと適切な対応ができなくなる。徒《いたずら》に戦争視して過剰反応を示すと、かえってテロリストの術策にはまる恐れがある。有効なテロ対策を実行するために、テロは非軍事の事象であるとの認識を、明確にしておく必要がある。

13　決して重要な任務ではないという意味ではない。その組織が作り上げられた、元々の任務ではないという意味である。
14　U.S. FM（Field Manual）100-20 Chapter 1 Fundamental Of Low Intensity Conflict. http://earthops.org/sovereign/low_intensity/100-20.1.html, 00/11/22

今後のテロ対策へのアフガン戦争の含意

9・11事件は、その被害規模もさることながら、事件への対応という点で、前例のないものであった。従前も、テロに対して軍事力が行使された例はあるが[15]、それは限定的かつ短期間で、被害を受けた国だけが行なっていた。9・11事件の場合には、米国を中心とする多国籍軍がタリバン政権を打倒して新政権を樹立し、その後、諸国が国家再建を促し、それに沿って計画が実施された。アフガニスタン再建はタリバン政権崩壊から10年以上を経た現在も難航しているが、テロリズムに対するこのような対応は新しい事態である。前章で、列強による新しい帝国主義と呼んだ所以である。このような9・11事件方式は、テロ対策の有効な手段となりうるであろうか。

好むと好まざるとにかかわらず、アフガン戦争は歴史的事実として記憶される。9・11事件方式は軍事力がテロ対策として、少なくとも部分的には有効であるという印象を与えた。すなわち、テロリスト、あるいはテロ支援国家や統治能力のない国家（破綻国家）への軍事力の大規模使用の敷居や、一般住民の被害への配慮を著しく低下させた。この事実はテロリストあるいはテロ支援国家・破綻国家に対して、ある程度の抑止効果を持つとは考えられる。つまり、国家がテロ行為を支援あるいは黙認しているケースでは、本格的軍事侵攻による政権打倒が選択肢として存在することになる。

しかし、「アフガン方式」は極めて限られたケースにしか効果がない。第1に、アフガン戦争のような本格的軍事侵攻は、9・11事件のような衝撃的な出来事がなければ不可能である。少なくとも、国連安保理による自衛権の確認決議や、同盟国の支持・参戦は難しい。大規模な被害を受けたという事実があって、はじめて軍事侵攻・占領が国際社会の支持を得ることができる。日本や欧米の市民が人質となって、殺害の様子がネットで流されたからといって、欧米連合軍による「イスラム国」に対する武力行使とはならない。イラク周辺の各国が「イスラム国」に武力行使しているのは、テロ対策としてではなく、武力紛争（事実上のイラクおよびシリアにおける内戦）への対応である。繰り返しになるが、「イスラム国」はテロ組織ではなく叛徒集団であり、「イスラム国」との戦いは支配領域をめぐる戦いである。

第2に、テロリストの集団が一般住民の居住地域から離れたところに拠点を持っていなければ、軍事攻撃は政治的に難しい。２００６年のイスラエルによるレバノン攻撃の例はあるが、これは一般住民を巻き込んで１０００名以上の死者を出し、インフラや環境を破壊するなどして、国際的に非難を浴びた。また国連安保理による停戦決議の採択が直前に迫ってから、イスラエルは広範囲に飛散して地雷のように残存効果のあるクラスター爆弾を使用し[16]、当時のアナン国連事務総長に批判され、投下

15　国内で警察からの指示、要請を受けて実力行使をしたという意味ではなく、リビア空爆などの、国外での攻撃を行なったという意味である。

16　BBC News, "UN denounces Israel cluster bombs", http://news.bbc.co.uk/2/hi/middle_east/5299938.stm. 30 August 2006

場所を示す地図を提出するよう求められている。[17] これでは、イスラエル自身や、その同盟国の米国に対するテロ行為を煽っているようなものだ。しかも、シーア派イスラム集団のヒズボラに打撃を与える目的でのレバノン侵攻であったが、イスラエルが返り討ちに遭った形となった。

第3に、軍事攻撃は、対象となる国家に明白な責任を負わせることができなければならない。特にイラク戦争（開戦理由はテロリズムとは関係ないが）を経験した後では、情報のみに基づいた軍事攻撃は、広範な支持を得られない。情報が誤っていたり、あるいは民主主義国であっても情報が捏造されていたりする可能性が払拭できないからである。皮肉なことだが、これがイラク戦争が残した教訓である。

テロリストはすでに、9・11事件への軍事的対応を学習ずみであろう。すなわちテロリストは、軍事攻撃を受けにくくするために、ますます分散して一般市民の間に紛れ込むようになるであろう。テロリストが拠点を持っていると疑われている国家は、テロ対策の努力を行なうであろうが、それが功を奏するかは別問題である。アフガニスタンから幹部を含め多数のアル・カイダのメンバーが逃げ込んだとされるパキスタンは、潜伏先と見られる地域に軍事攻撃を繰り返しているが、目立った効果は上がっていない。さりとて、米軍がパキスタン軍に取って代わることは考えられない。それは熱心なイスラム教徒の多いパキスタン国内で猛反発を買い、政権を危うくする。

テロ支援国家あるいはテロリストを取り締まらない国家に対しては、経済制裁、外交圧力、利益誘導、説得、協力支援等の方法を用いて、テロ対策に取り組ませる、あるいは取り締まり能力を強化させることが一般的である。アフガン戦争の後では積極的にテロリストを支援する国家があるとは思われず、むしろ取り締まり能力のない国家を訓練することの方が重要である。最後の手段として、軍事侵攻・占領の選択肢は存在する。だが、それはあくまでも最後の手段であり、相当な犠牲と、失敗すれば先行き不透明な新政権、さらなる無秩序とを覚悟せねばならない。テロリズムへの軍事的対応は、事態の解決になるどころか、かえって問題をこじれさせる可能性が濃厚である。このことは、北アイルランド、パレスチナ、アフガニスタンの事例が示している。

アフガン作戦の効果は疑問

ポール・Ｂ・リッチ（Paul B. Rich）はアフガン作戦の効果を次のように評価している。アル・カイダは多国籍企業のように世界各地に裁量を持つ「現地法人」から成り、アフガニスタンはひとつの拠点に過ぎなかった。したがって、たしかにアフガニスタンを失ったことは痛手ではあったが、組織の柔軟な性格が幸いして米軍の攻撃を生き延びた。そして、イスラム社会のあるところ、世界中に浸透し、また資金を集め動かす力のあるネットワークとして生まれ変わった。米国は軍事的成功にもかかわらず、アフガニスタンの将来について青写真を持っていなかった。この長期的戦略の欠如のために

17　朝日新聞、２００６年９月１日朝刊。

米国は現地の軍閥に依存せざるをえず、ビン・ラディンらはこのスキに乗じて隣国パキスタンに逃走した。[18]

国際戦略研究所（International Institute for Strategic Studies：IISS）の『戦略概観２００４年版』もリッチの見解を裏付けている。それによると、アル・カイダは一大拠点と２０００名のメンバーとを失ったものの、１８００名が60カ国に分散して活動を続けており、パキスタンに潜んでいると見られる幹部と連絡を取り合っているとのことである。[19] まるで母校は休校状態だが、卒業生は各地に散らばって活躍し、かつての同窓生ともつながりを保っているようなものだ。この「卒業生たち」が、９・11事件以後のアル・カイダの活動の主力となっていると考えられている。そして卒業生たちが「教官」となって、新世代のアル・カイダのメンバーを育てている。あるいは世代交代が進行しつつあるとも考えられる。

９・11事件そしてアフガン戦争開始から5年後の『戦略概観２００６年版』では、前年のロンドンでの地下鉄・バス爆破事件などから上記の見解を裏付けている。[20] 議会の調査によると、ロンドンの犯人グループが、アル・カイダ「総本家」から犯行を指示されていたという証拠はなく、触発されたと考えられている。[21]

パキスタンにおいては、アル・カイダの大物メンバーと言われる者の拘束が相次いでいる。アブ・ズベイダ（Abu Zubaydah、２００２年3月）、ハリド・シェイク・ムハンマド（Khalid Sheikh Muhammed、２００３年3月）、アームド・ハルファン・ガイアニ（Ahmed Khalfan Ghailani、２００４年7月）等である。

彼らはアフガニスタン領内にとどまっていれば捕まらなかったかもしれないわけで、その意味ではアフガン作戦には一定の効果はあった。ただし、彼らが拘束されたのは、かなり時間が経過してからである。パキスタンおよび各国の情報・司法機関の努力がなければ、拘束できなかったことは言うまでもない。また、テロ活動を続けるためには、少なくともメンバーのある者たちは動き回る必要があり、特にアル・カイダのような世界各地にネットワークのある組織はそうである。したがって、情報・司法機関がしっかりしており、アフガニスタンとの交渉を続けていれば、軍事行動なしに拘束することができたとも考えられる。

米国は外交上の手段を尽くしたとまでは言えないかもしれないが、開戦の正当性を確保するためにかなりの努力をした。しかしながら、アフガニスタンの一般住民の犠牲や、「違法な戦闘員」の取り扱いをめぐって、方法の正当性には疑問を招いた。このような方法上の誤りが、反テロ連合に楔を打ち込んだり、将来のテロリストの誕生を促進したりすることが危惧される。アフガン戦争の影響で、

18 Rich, Paul B., "Al Qaeda and the Radical Islamic Challenge to Western Strategy", Mockaitis, Thomas R. & Rich, Paul B. (ed.), *Grand Strategy in the War against terrorism* (London, Frank Cass, 2003), pp. 47-50.

19 International Institute for Strategic Studies, *Strategic Survey 2003/4* (Oxford, Oxford University Press, 2004), p.8.

20 International Institute for Strategic Studies, *Strategic Survey 2006* (Oxford, Oxford University Press, 2006), p.19.

21 The House of Commons, *Report of the Official Account of the Bombings in London on 7th July 2005*, 11 May 2006, pp.20-21.

核兵器保有国であるパキスタンに、イスラム過激派から成る政権が誕生したり、国土が無秩序化したりすることは悪夢である。

このように見てくると、アフガン作戦は短期間に軍事的成功を収めたが、新生アフガニスタンの安定度、「誤爆」等による一般住民への被害を調査して補償すること、「違法な戦闘員」問題、それをめぐるヨーロッパ諸国との関係、分散したアル・カイダのメンバーの監視・取り締まり、そしてパキスタンの安定化[22]等、課題が山積みである。だが、タリバンが反転攻勢に出ている現況からは、アフガニスタンの安定は程遠いと言わざるをえない。

今後、テロ支援国家や破綻国家に対して軍事行動が選択肢に上る際は、「差引勘定」を十分、考慮する必要がある。先進諸国の軍事能力をもってすれば、現地国の正規軍を制圧し、政権を打倒することは可能であろう。しかしその後に、安定した責任ある体制を構築できなければ、かえってテロリズムの温床を作ることになる。また、軍事行動が行き過ぎると、反発を買い、テロリズムを助長することにもなる。これがシリアに対して米国や英仏が、空爆以上には軍事介入できない一因である[23]。

空爆や侵攻などの大規模な軍事作戦では、テロ組織を効果的に叩くことは難しい。テロリストの潜伏先を発見したとしても、その地域一帯、あるいは建物全体を攻撃し、一般市民もろとも「処理」することの正当性を、テロ支援国家や破綻国家に対する場合であっても、常に主張できるわけではない。ましてや、民主主義国国内においては、そのような攻撃は許されない。テロ対策とは治安維持行為であり、フセイン体制崩壊後のイラクにおけるような、内戦状態での叛乱掃討とは違うのである。

前述のように、テロリストが軍事攻撃を受けにくくするために、ますます分散して一般市民の間に紛れ込むようになると、大規模な軍事作戦はむしろ逆効果ですらある。軍事的対応が効果を上げるのは、テロ支援国家やテロリストが巣食う破綻国家を倒す場合以外には、ありそうにないと考えるのが無難であろう。前述のように、一般的にはテロリズムに対して、火力の優勢はあまり意味がなく、逆効果でさえありうるのである。

限定的軍事攻撃

テロ支援国家や破綻国家にあるテロリストの拠点を、政権交代を意図して占領することまではしないが、さらなる犯行の防止や報復を目的としてとる軍事行動が、限定的攻撃である。その事例としては、米国によるリビア空爆（１９８６年）、アフガニスタンおよびスーダンへの巡航ミサイル攻撃（１９８８年）がある。これらは国際法的には自衛と説明された。クリントンによれば、スーダンで攻撃

22　ムシャラフ大統領（当時）暗殺未遂も、複数件、発生している。
23　他の要因としては、シリアに強い利害関係を有するロシアが反対したこと、そしてロシアと同じく国連安保理常任理事国の中国も武力行使容認決議に反対したことが挙げられる。

された化学工場では化学兵器（VXガス）が生産されていたとのことである。もしこの情報が事実であれば、スーダンへの攻撃はビン・ラディンを勢いづけはしたが、化学兵器を使用した大規模テロを防いだ可能性があると言えよう（工場の所有者は、化学兵器生産を否定している）。なお、クリントンはスーダンの標的選択に当たって、候補に上がっていたビン・ラディンと資金的つながりのある皮なめし工場を、民間人の犠牲者を最小限に抑えるために、攻撃対象からはずしている[24]。

守らなければならない国民や領土、主権を持たないテロリストに対しては、国家に対するように抑止が効かないので、大量殺戮兵器関連施設への攻撃は、予防攻撃であっても、状況によっては正当化される余地があろう。生産した化学兵器を保持したテロリストが移動すると、見失う恐れがあるからである。だが、予防攻撃が正当化されるためには、説得力のある情報が必要である。

国内でのテロ対策における軍の非軍事的活用

国内では、軍隊は他の組織にない能力を利用して、警察の活動の支援と市民保護（civil protection）の面において、テロ対策に寄与できる。これはテロ対策における軍の非軍事的活用と言える。

まず、軍とテロ対策に関する基本的事項を確認する。テロ対策における軍の役割は、強制的措置を伴うものと、伴わないものとの二つに大別できる。前者は武器の使用を含む実力行使であり、後者は輸送、医療活動、食料の調達、技能・装備の提供等であって、私人が行なっても法的・政治的に問題のない活動である。建物の捜索や不審者への質問は、必ずしも強制的措置を伴うわけではないが、私人が行なうべき行為ではないので、前者に含まれるものと解釈すべきであろう。強制的措置を伴わない活動は、軍が積極的に行なうことができるが、強制的措置を伴う活動については、法的制約や政治的配慮も含め、慎重にならざるをえない。

はじめに指摘しておきたいのは、治安維持活動において、軍は主務機関（lead agency）ではないということだ。テロ対策における軍の役割、特に治安維持活動への軍の投入は、民主主義国において微妙な問題である。それは、国家権力の過度の行使を避けること、軍の権限が妥当と思われる程度を超えるのを防止すること、そして軍の国防任務を妨げないことを忘れてはならないからである。

第１に、軍のテロ対策での利用には、国民への必要以上の実力行使といった、過剰反応の危険が存在するので、これを防ぎながら軍の能力を活用することが肝心である。テロリストは一般住民に紛れ込んでおり、実力行使に当たっては、住民を巻き添えにすることのないよう、また人権を尊重するよう、最大限の注意を払わなければならない。

24　ビル・クリントン（楡井浩一訳）『マイライフ―クリントンの回想』（朝日新聞社、２００４年）下巻５２０－22頁。Clinton, Bill. *My Life* (New York, Knopf, 2004), pp.803-05. ただし、この攻撃がオサマ・ビン・ラディンをイスラム過激派の間で偶像化させてしまったとされる。ジェイソン・バーク（酒井定雄訳）『アルカイダ』（講談社、２００４年）、２８３、および２８９－90頁。Burke, Jason, *AL-QAEDA* (London, I. B. Tauris, 2003), Pp.163 & 167.

軍は、警察とは行動原理が異なる。警察の実力行使の原則は、必要最小限度の実力行使であるのに対して、軍は最大限の武力を行使して敵を殲滅することが原則である。治安維持を行なう際の武器の使用に関しては、一般に警察官の武器使用基準が適用される。したがって、特別に訓練され、日常から国民に接して警察業務に従事していない限り、軍に所属する人間が、国内での権力の行使に適しているとは言い難い。

拘束されたテロリストは、国内刑事法に従って処分されるが、被疑者あるいは被告人としての権利、つまり家族や弁護士と会う権利、無期限には拘束されない権利などは、尊重されなければならない。日本では法制度上考えられないが、外国では軍によって拘束されると、被疑者の権利が侵害されることがよくある。

第2に、軍が国内で権限を拡大し、国民生活に必要以上に影響力を持つことを避けなければならない。軍は最も強力な武装集団である（学問上は「暴力装置」という表現を使用することもある）。暴走すれば、これを止めるものはない。国防に当たっては、国民の権利を制限できる国もある。このような強力な権能を持つ組織であるだけに、軍に国民に対して権力を行使させることには、慎重を期すべきである。民主主義は特定の機関が強い権力を持ちすぎないように、均衡をとって抑制する制度を持っている。警察組織と軍事組織は、それぞれ内にある危険と外から来る危険に対処するよう、役割が分かれている。国民の権利・自由を制限しかねない任務に、物理的には最強の力を持つ軍事組織が関与すべきではない。[25]

もちろん現代の先進民主主義国において、軍がクーデターに類した行為にまで及ぶことは、極めて考えにくい。だが、チャルマーズ・ジョンソン（Chalmers Johnson）によれば、現代のミリタリズムとは、軍が暴走して権威主義的体制に至るというより、軍本来の役割を逸脱して組織の保全・拡大を優先させる事態を指すのである。すなわち、政府の他の組織（文民機関）の役割が軍に取って代わられる、あるいは本来、軍の出番ではない分野に軍が進出することである。[26] この意味では軍による文民の活動、特に物理的強制措置を伴う活動への進出を制限することは、民主主義にとって根拠のあることで、また軍としても、不健全な野心を持っているのではないかと無用の疑いをかけられないことが得策である。

たとえば、生物・化学剤や放射性物質を使ったテロ事件や、大規模なテロ事件に軍が投入されることはありうるし、それ自体、否定されるべきものではない。だがそのようなテロ対策に全般的な責任を持ったり、主体的役割を果たそうとしたりすれば、危険な物質の管理の監督や、それらを扱う業務に従事する人々の指導（場合によっては監視）を行なう必要がある。これは軍の任務からの逸脱である。

軍の治安維持活動に慎重であるべき３番目の理由として、国の資源を有効に活用することが挙げら

25　片山善雄「グローバリゼーションとテロリズム」（『海外事情』第61巻９号、２０１３年９月）36－37頁。
26　チャルマーズ・ジョンソン（屋代通子訳）『帝国アメリカと日本　武力依存の構造』（集英社新書、２００４年）31頁。

れる。治安維持活動は地域性が強い。総合的判断力は、平素からの経験を通して体得できるものであり、一朝一夕に身に付くものではない。本来的に治安維持を主任務としない軍は、テロ対策において警察に取って代わったり、警察と責任を分かち合ったりするよりも、必要な場合にのみ個々の特定された活動を行ない、警察がその機能を十全に発揮できるように支援する方が、国全体として効率的である。

最近では、国際平和協力活動への軍の参加等、国防以外の軍の任務が増えてきている。かりにも軍が治安に関しても広範な責任を負うとするなら、付け焼き刃ではなく、相当の予算、装備、人員、訓練時間を治安維持任務のために割り当てねばならない。これは国防任務や国際平和協力にマイナスの影響を与え、軍の存在意義にかかわる問題である。

以上の理由で、治安維持活動への軍の投入には慎重であるべきだ。だが、それをタブーとしてもいけない。「できるだけやらない方がいい」と「絶対にやってはいけない」とは同じではない。要は、テロリズムに対して、社会の資源を最も有効かつ適切に振り向けられるようなシステムを構築し、その中で軍の役割を決めることである。

軍によるテロ対策というと、特殊部隊による市街戦のようなものを想像する向きもあろうが、実際には法執行活動の後方支援や災害救助活動、医療活動等を行なう。軍による実力行使があるとしても、あくまでも警察支援の一環であり、要請された範囲内の活動である。例外的に外国領土への軍事攻撃を行なうことはあるが、基本は国内での活動である。

テロ対策の主務機関は、警察、検察等の法執行機関であるということは、少なくとも民主主義国においては、共通の考え方である。たとえば、防衛庁（当時）が９・11事件の記憶も新しい２００２年10月18日に主催したアジア太平洋防衛当局者フォーラムの第７回大会でも、テロへの対処に関しては警察が第一義的責任を有し、軍の役割は補完的なものであること、状況がエスカレートした場合、軍が警察や地方政府を支援する役割を担うことを出席者の総意として議長声明に盛り込んだ。[27]

９・11事件以前は、米国ではテロ対策を戦争以外の活動（Operation Other Than War：OOTW[28]、下線部筆者）のひとつとして位置付け、戦争とは区別していた。ＯＯＴＷとは、平時支援活動、叛乱対策、限定的介入を指し、その烈度あるいは強度は、災害救助から宣戦布告された戦争にまでは至らない軍事介入までさまざまであるとされる。[29]アフガン戦争、イラク戦争は、対テロ戦争とも言われている。

27　これは２００２年11月の東南アジア諸国連合（Association of Southeast Asian Nations：ASEAN）地域フォーラム（Regional Forum）、通称ＡＲＦ の Inter-Sessional Support Group でも発表されている。なお、アジア太平洋防衛当局者フォーラムへの参加は、ＡＲＦのメンバーから21カ国（オーストラリア、ブルネイ、カナダ、カンボジア、中国、インド、インドネシア、日本、ラオス、マレーシア、モンゴル、ミャンマー、ニュージーランド、パプア・ニューギニア、フィリピン、韓国、ロシア、シンガポール、タイ、米国、ベトナム）とＥＵであった。

28　Military を頭に付けることもある。その場合の略称はＭＯＯＴＷとなる。

29　Wheeler, J.R., *Is the Operational Art Applicable to Operations Other Than War*, Information Rescue Centre, Canadian Force College, http://www.cfcsc.dnd.ca/irc/nh/nh9798/0084.html, 00/11/17

しかしながら、アフガン戦争は動機こそテロ対策であるが、自国をテロリストの拠点とさせていた国家への攻撃である。イラク戦争は開戦の時点では、大量破壊兵器拡散防止が目的であった。

W・ブッシュ大統領による戦闘終結宣言以後のイラク国内の混乱は、テロ的要素はあるものの、外国占領軍に対する一部住民の抵抗であり、これを制圧することがテロ対策とは言い難い。米軍の行動や使用する武器を見ても、戦闘と言うべきである。したがって、米軍はテロに関連した戦争を行なってはいるが、テロ対策そのものに従事しているのではない。また、米国国内における軍の対テロ活動は、主として大規模テロの被害対策が想定されている。

テロ対策や平和維持活動を含め、各国軍隊のＯＯＴＷは、１９９０年代以降増加傾向にある。一般に、テロ、ゲリラ、民族・宗教紛争等を総称して低強度紛争（Low-Intensity Conflict：LIC）と呼ばれているが、誤解を恐れずに簡略化すると、低強度紛争で軍が担当する部門が、ＯＯＴＷであると言える[30]。低強度紛争では、軍の資源と他の機関の資源とを効率的に組み合わせることが大事であり、軍の立場、意見は数ある内のひとつにすぎないことを認識しなければならない[31]。したがって、安全保障における軍の役割は、絶対量としては増加しつつあるが、相対的には減少しているという、一種、逆説的な傾向を示している。

低強度紛争と呼ぶにせよ、ＯＯＴＷと呼ぶにせよ、それが軍に突きつける問題は、件数の増加もさることながら、戦闘集団としての軍の精神風土（culture）、組織の構造、任務と調和しにくいことである。軍隊本来の任務ではない活動のための態勢と、戦争のための態勢とを、いかにトレードオフしなければならないのか、どの種類の部隊が適任なのか、戦争のための人員、財源を削って戦争以外の活動に充てるべきなのか。訓練時間・場所はどう配分するのかといった諸問題が生じる。[32]

より大きな軍にとっての新たな課題は、安全保障における非軍事的要素の割合が拡大しつつある時代に、どのような存在価値を確立するかである。国家間の本格的戦争が時代遅れになったとはいえ、各国が軍事力を整備している以上、伝統的な防衛の任務を等閑《とうかん》に付すことはできない。教育・訓練、組織編成を考えれば、軍が警察に取って代わる能力を持つのは、軍の自己否定であり、国防の重責を果たせなくなる。軍ならではの専門性・特性を生かした支援こそが、テロ対策における軍の任務である。

以上の理由で、先進民主主義諸国では、テロ対策における軍の役割を限定しており、軍もこれを自明のこととして受け入れている。[33] 先進民主主義諸国において軍が警察力を補完する制度を概観したも

30　片山善雄「低強度紛争概念の再構築」(『防衛研究所紀要』第４巻第1号、２００１年8月) 68頁。
31　FM (Field Manual) 100-20 Chapter 1 Fundamental Of Low Intensity Conflict, http://earthops.org/sovereign/low_intensity/100-20.1.html, 00/11/22
32　RAND Corporation, *From Sideshadow to Center Stage: Military Operations Other Than War*, http://www.rand.org/publications/RRR/RRR.fall97.QDR/sideshow.html, 00/11/20
33　Wardlaw, Grant, *Political Terrorism* (Second Edition) (Cambridge, Cambridge University Press, 1989), pp.87-97 参照。

のとして、村木一郎「軍隊を治安維持に活用する諸外国の制度」(『警察学論集』第54巻第12号、2001年12月、1-18頁)がある。それによると、「簡易な手続きで(たとえば国会の承認なしで-筆者)」軍隊を投入できる国の場合は、軍隊は事実上、治安担当大臣や警察の指揮下で行動することになっている。[34]戦争や暴動に比べると、テロリズムはその発生を予知することが難しい。要件が厳格であれば軍の濫用の歯止めとしては有効だが、他方、突発事案に対して軍隊の効果的な投入ができなくなることも懸念される。「事実上、治安担当大臣や警察の指揮下で行動する」やり方は、合理的と言える。

軍をテロ対策に活用する際に考慮すべきこと

前節からも導かれうるが、軍をテロ対策に活用する際に考慮すべきことは、以下の3点である。第1に文民機関主導の原則を貫くこと。軍の役割は、あくまでも警察等の文民機関を支援することであり、警察に取って代わることではない。全体の判断は警察が行ない、軍は警察から指示・要請されたことを行なう。そのためには平素からの連絡を密にしておくことが必要である。

第2に軍にフリーハンドを与えるのではなく、任務、期間、場所を具体的に特定すること。特に強制的措置を伴う活動では、曖昧な指示を与えて軍の部隊を現場に派遣してはならない。武器を使用して人を傷つける恐れのある任務は、細心の注意が必要である。ただし、具体的な指示が出された後には、その限られた範囲内で軍が独自の判断で行動すること、あるいは軍がその活動の指揮をとることは差し支えない。

第３に投入の時機に注意すること。軍を最後の手段として活用するか、初期段階から活用するかは、議論が分かれるところであるが、少なくとも強制的措置を伴う活動に関しては最後の手段とすべきであろう。[35]だが、そのために投入の適切な時機を逸してはならないことは言うまでもない。

航空機による自爆テロ攻撃対策

９・11事件のように、自爆攻撃が予想される航空機に対して、いかなる対処が可能かを考えてみよう。あたりまえのことだが、ハイジャックを防止することが第一である。そのためには、手荷物検査の徹底など、空港の保安はもちろんだが、計画の察知も効果的である。テロ対策全般に通じることだが、情報の収集がカギである。９・11事件の犯人の一人は、飛行学校で着陸の仕方を習得しようとせず、教官を不審がらせたという。この情報が適切に処理されていれば、あるいは事件は防げたかもしれない。万一、犯人が機内で行動を起こして、乗客や乗員を人質に取ったとしても、決して操縦室の

34　ただし、ドイツには連邦国境警備隊があり、これが州警察と共同でテロ活動を鎮圧することになっている。
35　Wilkinson, Paul, *Terrorism versus Democracy - The Liberal State Response* (London, Frank Cass, 2000), pp.125-26 参照。

ドアを開けないことである。一部の小型機を除いて、昨今の旅客機の操縦室のドアは強化されており、外から乱入することは非常に難しくなっている。

だが、このような努力にもかかわらず、犯人に乗っ取られた場合でも、さまざまな対応（たとえば、スカイ・マーシャル——旅客機に搭乗する警察官——による制圧）が考えられるが、ここでは軍用機による対応を、技術的見地と法理論的見地から考える。技術的には、まず軍用機は旅客機に追いつかねばならない。9・11事件の例では、旅客機がハイジャックされてから、目標に衝突するまでに要した時間は、11分間から47分間のあいだである[36]。犯人が当初から目標に突入することを意図していれば、ハイジャックに成功してからあまり時間をおかずに行動に移ると考えるのが自然である。燃料を満載している方が、被害規模も大きい。したがって、ハイジャックされた位置と軍用機の基地の位置関係が、突入決行までに追いつけるかを決定するであろうが、限られた時間しかない。

追いついた場合には、乗客・乗員の犠牲者を出さないように、撃墜するよりも、警告して犯行をあきらめさせ、着陸させるのが望ましいのは言うまでもない。その方法は機体信号（翼を振る）や無線による警告を、国際民間航空機関（International Civil Aviation Authority：ICAO）の手続きに従って実施することになるが、自爆テロ犯がヘッドセットを着装しているとは考えにくい。曳航弾（当たれば落ちる）を使用する信号射撃も可能ではある。だが、これらの警告は、恐らく有効ではない。仮に当初の目標に突入できないと判断しても、おとなしく着陸せずに、作戦変更して他の施設に突入しようとするであろう。

２００８年に開催された洞爺湖サミットのように、特定の時期に特定の対象を警戒する場合には、ハイジャックの一報を受けて、攻撃対象者（たとえば各国首脳）の避難が考えられた。だが、９・11事件のように、予期せぬ時にハイジャックされれば、目標がわからないので、攻撃対象者の避難はありえない。

それでは、建造物等への突入を防ぐ手段がハイジャック機の撃墜以外にないとして、問題となるのは、機体の落下地点の被害状況が予測できないことである。撃墜するには、通常、機銃でなくミサイルを使うが、最も効率的なのは、エンジンを狙う赤外線誘導ミサイルである。だが、小型機を除いて、命中すればそこから放物線を描いて落下するということはない。ジャンボ機は４つのエンジンを持っているが、ひとつだけでも飛行を続けることができる。エンジンをすべて破壊しても、１９８５年に御巣鷹山に墜落した日本航空機のように、しばらくは蛇行しながら飛び続ける。エンジンのそばにある燃料タンクに命中すると、爆発を起こして、そのタンクがある側の主翼は破壊される。そうなると、ハイジャック機はバランスを失って落ちていくが、この場合も落下地点の予測は不可能である。このようにどこの上空で撃墜しても、人口密集地に機体が落ちる可能性はある。燃料が多量に残っている段階で墜落すると、落下地点の被害は大きくなる。

36　National Commission on Terrorist attacks upon the United States, *The 9/11 Commission Report*, pp.32-33.

撃墜の際の武器使用の根拠は何か。日本の場合、テロ行為が武力攻撃に当たるかと言えば、国家による明確な関与がない限り、否である。であるならば、「自衛隊法」（昭和29年6月9日法律第165号）第76条で定める防衛出動は下令できず、同法第88条の「防衛出動時の武力行使」はできない。治安出動であれば、同法第89条、第90条に基づく「武器の使用」が、理論的には可能である。[37] 犯人に対しては正当防衛、乗客・乗員あるいは機体落下地点の住民に対しては緊急避難になる。

だが、現実には判断が難しい。単にハイジャックされたことのみをもって、自爆攻撃が発生するとは言えない。目標に突入しつつあるとの判断、また撃墜する以外にそれを防ぐ方法がないとする判断は、誰が行なうのか。ハイジャックされたこと、あるいは犯人が操縦していることをもって、突入の意思ありとは判断しかねる。突入直前でないとわからないが、それでは撃墜は間に合わないかもしれない。とすると、連続してハイジャックされ、すでに1機目が突入した事案が直前にあるなど、さまざまな要素を組み合わせないと、決断できないのではないか。

一般の事件で警察官が武器を使用して人を死亡させた場合、正当防衛が認められても、告発される可能性がある。事件後、心を病む警察官も少なくない。撃墜したパイロットも同じである。無実の乗客・乗員を、みずからの行為で数百名死亡させたとすると、そのストレスは計り知れない。

治安出動の規定を適用するには、別の難点がある。民主主義国では、軍事組織を治安維持活動に投入する際に、警察機関の指揮系統下に入れるのが通例であるが、日本にはそのようなシステムがない。ハイジャック機の撃墜は、サミット開催中のような特定の期間を除いて、警察の関与する時間的余裕がないかもしれない。上空の航空機の規制であっても、警察が関与しない自衛隊の治安維持活動を認めることは、その他の治安維持活動においても、自衛隊の独自の行動を認めることになりかねない。これは自衛隊の運用のあり方としては問題がある。

上記の点を考慮すると、「自衛隊法」で定める治安出動ではなく、別の法律が必要である。拡大解釈のないよう、「航空機を奪取して、多くの人の殺傷する目的で、建造物等に衝突を意図していると認められる場合」など、細かい定義をするとともに、命令権者は内閣総理大臣とし、個々の自衛隊員は免責とする。攻撃するパイロットの匿名性の堅持も必須である。このような法律を作ることが難しいのは明白だが、多くの乗客・乗員や地上の住民を犠牲にする行動を可能にするには、それなりの覚悟が要る。

対テロ国際協力と軍

全世界的なテロリズムの跋扈は、グローバル化の影の部分や開発途上国の貧困、パレスチナ問題などにも、目を向けさせた。紛争解決・未然防止、原因の除去がただちにテロ発生を抑制するとは限ら

37　２００２年、衆議院「武力攻撃事態への対処に関する特別委員会」における中谷防衛庁長官（当時）。

ない。だが、長期にわたって活動を続けることができるテロ組織には、それなりの資金と構成員を支える基盤があり、不公正の是正や貧困の解消により、このような基盤を崩すことができれば、長期的なテロ対策として徐々に効果を上げるであろう。このような安定化の努力には、多国間の協力が欠かせない。安定化支援のためには司法・警察制度や保健衛生施設、各種インフラの整備、選挙監視が必要だが、要員の安全確保等、軍でなければできない任務もある。

紛争後の国家再建や破綻国家の能力構築には、混乱が収まった後に行なわれる治安維持機構の整備が、その国の安定を左右するし、テロ対策としても不可欠である。また、刑事訴訟制度の整備も必須である。これらは、国家再建の最終段階の作業ではあるが、干渉計画を作る段階で中心に据えなければならない[38]。だが、アフガニスタンやイラクの場合は、青写真がなく、まず現政権打倒ありきであった。そのために、状況は悪化し、解決の見込みが立たないでいる。現地の安全保障機構が腐敗しており、正常に機能する状態にない、というより問題を起こしているのである。また、外国軍隊の武力行使が、一般住民にも犠牲者を出し、反感を呼んだ。

紛争後の安全保障機構改革は、警察と軍が協力して実施すべきものであるが、民主主義国家においては、警察と軍はまったく別の性格の組織であり、協力するためには特別の努力が必要である。軍は警察の要員の安全確保や補給を担当し、警察は現地の警察の訓練を行なうべきである。現地の警察の訓練を行なうことは、軍の任務ではない。軍は武器の操作を教えることはできても、どのような状況で警察官が武器を使用すべきかを教えることには不向きである。警察と軍とでは、武器の使用基準や行動原理が異なるからである。だが現実には、イラクの警察には軍事組織的性格を持つ部隊があり、イラク政府と米国政府との間で、イラクの警察の性格や任務に関して明確な合意すらできていなかった。[39]

先進諸国間においては、司法・情報機関相互の協力にせよ、安定化支援にせよ、それらが円滑に行なえる環境作りが必要である。換言すれば、諸国間で軍事的対立があれば、対テロ国際協力は円滑には行なわれない。軍備管理や信頼醸成を通じて、対テロ国際協力を側面から支援することも、軍によるテロ対策への貢献であろう。すなわち、非軍事の対テロ国際協力への支援にも軍は活路を見出すべきなのである。

テロリズムと同盟

軍の活動の重心が戦争から安定した環境の維持に移ると、冷戦期にでき上がった仮想敵国家を対象

38　Bayley, David, at American Enterprise Institute for Public Policy Research, "Police-Building in Iraq, Afghanistan, and Beyond: Success, Failures, and Lessons Learned," May 2006, http://www.aei.org/events/filter.,eventID.1333/summary.asp にて閲覧可能。２００７年１月９日アクセス。

39　Baker, James A., et.al., *The Iraq Study Group Report* (New York, Vintage Books, 2006), pp.9-10.

にした同盟関係も変わっていく蓋然性が高い。たとえば、NATOは「域外」での「平和活動」に新たな活路を見出した。だが、そのような協力は必要だが、必ずしも固定した軍事同盟を新たに結ぶ必要はない[40]。各国は事態が生起する都度、調整し合って知恵と資源を出し合えばよいからである。また、できるだけ多くの国が関与しないと解決しない問題も多く、同盟の枠にこだわるべきではない。たとえば、シリア問題の解決には、ロシアとイランの関与が欠かせない。

テロリズムとの関連では、単純化を恐れずに言えば、同盟とは軍事的協力関係であり、テロ対策の法執行的分野において中心的役割を担う機関ではない。各国で軍が警察の指示に従って支援活動を行なうことはあっても、同盟として現地警察を支援して法執行に従事することは考えにくい。NATOは2004年イスタンブール・サミットでテロ対策について協議したが、NATOの役割の主なものは、空からの偵察とCBRN（大量破壊兵器関連物質）テロ対処（災害救助）であるとしている[41]。

アフガニスタンでのNATO軍のタリバンとの戦闘を、テロ対策の一環と捉えるならば、これは同盟が軍事的にテロリズムに対処している事例である。しかしながら、アフガニスタンにおけるNATOの実績は芳しくなかった。それどころか、派遣国の間でそれぞれの軍の活動について齟齬が生じるなど、同盟関係にマイナスの影響を及ぼした。

アフガニスタンでは、軍事的攻勢をかければかけるほど、タリバンのシンパを増やしていると言われていた[42]。安定化の見込みもないまま、2014年末をもってNATOは戦闘任務を終了した。アフガニスタンでの失敗が、NATOの終焉につながると考えるのは早計に思えるが、加盟国間の不信感の払拭や利害調整は容易ではない。ＮＡＴＯとしては今後は、イスタンブール・サミットで合意を見た事項以外には「テロとの闘い」には乗り出さない方が賢明であろう。それは加盟各国間の結束を乱し、同盟関係に軋轢《あつれき》を生じさせかねない。

　テロの脅威に対して、日米安保体制が担う役割がもしあるとすれば、日本国内で大規模なＣＢＲＮテロ事件が発生した際の、米軍の災害救助支援に重点を置くのが妥当である。１９６０年に改定された現行の日米安保条約では、旧条約の内乱条項が削除され、米軍が日本国内の治安関係事案に介入することは許されていない。日米両国がテロリズム対策で協力することは必要だが、それは本質的に日米安保体制の枠外で行なわれるべき筋合いのものである。日本は９・11事件に関連して、インド洋上での支援活動などを行なっているが、これは国連安保理決議等に沿った国際社会の取り組みとしてのものである。

　日本は米国等とイラクとの国家間の戦闘が終結した後に、国連安保理の要請に基づいてイラクの復興支援活動を行なったのであって、これも公的には、インド洋上での活動と同様、日米安保体制を超

40 Menon, Rajan, "The End of Alliances", *World Policy Journal*, Summer 2003, Vol.XX, No.2, pp.5-6.
41 "NATO and the fight against terrorism", http://www.nato.int/issues/terrorism/evolve_d.html, 7 December 2006
42 "Pakistan promotes Taliban's approval", *The Washington Times*, 4 December 2006.

えた国際社会の取り組みの一環である。もちろん、両方の活動とも、日米関係を強く意識したものに違いないが、同盟関係の無原則な拡大を避けた点、すなわちアフガニスタン支援は洋上のみの活動、イラク支援は米国とイラクとの間の戦闘終了後の非戦闘地域における医療・土木支援に限定した点は評価してよい。武力行使と呼ぼうと安定化と呼ぼうと、外国軍隊が現地の人間を武器を使って傷つける行為は反発を招き、テロ対策上マイナスである。

国際的なテロ対策をめぐっては、アフガニスタンでの軍事作戦が大きく取り上げられることが多いが、他の分野での対応も忘れてはならない。軍事的優位だけでは、テロリズムから国民は守れない。というより、軍事的優位が他の選択肢の幅を狭めて、テロリズムを助長する一因ともなるのである。ここでは、情報収集、出入国管理、資金規制、不審者の発見・監視、事件の捜査・訴追など、日常の地道な努力の重要性を強調しておきたい。非軍事のテロ対策は、軍事のテロ対策に比べると目立たず、また事の性質上、人目には触れないことも少なくないが、テロ対策の主流である。

第2節　民主主義国としての危機管理体制――今後のテロ対策

日本のテロ対策の基本

警察庁は２００４年８月に、警察が講じるべきテロ対策として、「テロ対策推進要綱～高まるテロの脅威から国民を守るために～」（以下、「テロ対策推進要綱」）を取りまとめた。これはテロ未然防止対策の強化と緊急事態発生時の対処能力の強化を目指すものであり、前者は（１）水際対策の強化、（２）テロ関連情報の収集・分析及びテロリスト容疑者の発見・取り締りの強化、（３）重要施設の警戒警備等の徹底、（４）危機管理企画機能の強化とテロ未然防止に必要な法制等の整備、後者は（１）重大テロ等の迅速的確な対処、（２）国民の保護・被害最小化のための的確な避難誘導、救助等の実施から成っている。

同じ2004年12月、政府の国際組織犯罪等・国際テロ対策推進本部は「テロの未然防止に関する行動計画」を決定した。この行動計画は2008年北海道洞爺湖サミット対策としての意味もあり、「今後速やかに講ずべきテロの未然防止対策」として（1）テロリストを入国させないための対策の強化、（2）テロリストを自由に活動させないための対策の強化、（3）テロに使用される恐れのある物質の管理の強化、（4）テロ資金を封じるための対策の強化、（5）重要施設等の安全を高めるための対策の強化、（6）テロリスト等に関する情報収集能力の強化等を、「今後検討を継続すべきテロの未然防止対策」として、（1）テロの未然防止対策に係る基本方針等に関する法制、（2）テロリスト及びテロ団体の指定制度、（3）テロリスト等の資産凍結の強化を掲げている。このうち、「今後速やかに講ずべきテロの未然防止対策」については、必要な法律の改正も含め、関係諸機関[1]がすでに推進している。このような地道な日々の活動は、世間の注目を集めることはあまりないが、最も効果的なテロ対策である。

「今後検討を継続すべきテロの未然防止対策」は、一言で言えば、テロ容疑者を他の犯罪容疑者よりも厳しく扱う制度の導入を提唱するものである。また、「テロ対策推進要綱」は別添に、欧米諸国の立法例を紹介しているが、無令状での拘束・捜索など、日本におけるよりも強力な捜査権限を有している例が挙げられている。もちろん、同じ先進民主主義国とはいえ、欧米諸国の制度を「直輸入」するのは賢明とは言いかねる。だが、多数の人命が脅かされており、他に手段がない場合を想定すると、無令状あるいは犯罪の実行に着手前の計画段階での拘束・捜索（身体検査）の検討を排除すべきではない。[2]このような措置を「超法規的国家緊急権」としてとるよりは、法律の規定がある方が安全であろう。

最新のテロ対策の整備状況としては、「主なテロの未然防止対策の現状」（内閣官房２０１５年１月26日）を参照されたい。[3]懸案であったテロ資金やテロリストの資産に関する規制も進んでいることが示されているが、無令状での拘束・捜索には言及されていない。なお、２０１５年６月には、２０１６年伊勢志摩サミット、２０２０年東京オリンピック・パラリンピックに備えた「警察庁国際テロ対策強化要綱」が発表された。[4]

1　警察以外では、法務省、外務省、財務省、海上保安庁、厚生労働省、経済産業省、農林水産省、金融庁、国土交通省、総務省、文部科学省である（順不同）。

2　たとえば英国の制度については、片山善雄「英国の対テロ法――安全と人権」（『警察政策』第17巻、２０１５年）96－１１9頁。

3　以下で検索する。「平成26年11月26日　内閣官房　主なテロ防止対策の現状」２０１５年７月９日アクセス。

4　以下で検索する。「警察庁国際テロ対策要綱　平成27年６月　警察庁」２０１５年９月25日アクセス。

テロ対策法

日本の警察の権限は、他の先進民主主義国の警察に比べても弱いと言われている。1985年に当時の新東京国際空港で荷物が爆発し日本人作業員が死傷した事件（第3章第3節）で、カナダとの合同捜査に従事した警察幹部が日本の刑事訴訟法の英訳をカナダ側に示したところ、それだけの権限でどうやってテロ捜査ができるのかと驚かれたとのことである。[5] 効果的なテロ対策が必要とされる中、時代の変化に合わせ、国民の要望にこたえるには、二つの考え方がある。ひとつは一般的な警察権限の強化であり、もうひとつは特定の犯罪に関しての警察権限の強化である。

前者は「警察官職務執行法」（昭和23年7月12日法律136号）の見直しが必要になると思われる。これを要望する声は、実務者の間では小さくない。だが、1958年に当時の岸信介内閣が提出した改正案が、強い反発を招き（有力閣僚も反対の意思を示すために辞任した）、審議未了廃案となった経緯があり、半世紀を経過した現在でも、関係者の間では扱いにくい問題である。したがって、真正面から改正を試みる動きはない。

後者は組織犯罪やテロリズムに特有の行為を対象にするものであり、一般市民に影響を及ぼすものではないので、前向きに検討することが可能である。前述のテロ容疑者を他の犯罪容疑者よりも厳しく扱う制度の導入は、この後者の考え方に基づくものと言える。テロ資金やテロリストの資産に規制する法律は制定されたが、[6] 無令状あるいは計画段階での拘束・捜索を可能にする法律は制定されていない。

たとえば、組織犯罪対策とテロ対策との共通部分を見出し、そのための制度を整備することを考えてみよう。暴力団関係者によってであろうが、テロリストによってであろうが、計画的な殺人、銃器の所持、社会に不安や恐怖を与えることを目的とする暴力が、大きな害悪であることに違いはない。このような行為を特定して、未然防止、取り締まり・処罰を厳しくすることは、まさに法律の両用作用（dual use）であろう。

テロリストおよびテロ団体の指定制度は、民族独立・自治獲得運動団体や、明確な主張を持つ政治活動グループ、カルト集団など、組織性が強いテロ団体に対しては、テロ団体の指定制度は有効であろう。わが国においては、かつての極左あるいはオウム真理教のような組織性が強いテロ団体はもはや存在しない。だが、将来、そのような集団が出現しないとは言い切れない。

組織的な犯罪の共謀罪の新設も、テロ事件の防止には有効であろう。「組織的かつ重大な犯罪を計

5　松本光弘『イスラム聖戦テロの脅威』（講談社＋α新書、２０１５年）２６４頁。

6　「公衆等脅迫目的の犯罪行為のための資金等の提供等の処罰に関する法律」（平成14年６月12日法律第67号、以下「テロ資金提供処罰法」）、「犯罪による収益の移転防止に関する法律」（平成19年３月31日法律第22号、以下「犯罪収益移転防止法」）、「国際連合安全保障理事会決議第千二百六十七号等を踏まえ我が国が実施する国際テロリストの財産の凍結等に関する特別措置法」（平成26年11月27日法律第１２４号、以下「国際テロリストの財産凍結法」）。

画した者を処罰することができる共謀罪の新設のための組織的な犯罪の処罰及び犯罪収益の規制等に関する法律」（平成11年8月18日法律第１３６号、以下「組織犯罪処罰法」）の改正案は、過去２回、国会に提出されているが、ともに衆議院の解散によって廃案となっている。

共謀罪の新設は、「国際的な組織犯罪の防止に関する国際連合条約（United Nations Convention against Transnational Organized Crime：略称、国際組織犯罪条約）」に加入するための条件でもある。この法案は組織性を要件としているので、適用には限界がある。国際組織犯罪条約では「三人以上の者から成る組織された集団であって、一定の期間存在し -a structured group of three or more persons, existing for a period of time」としている。

共謀罪が導入されたとして、それを有効ならしめるためには、未然防止のための情報収集、特に通信傍受が効果的に行なわれることが必要であろう。また、直接の会話も傍受できるよう、秘聴装置（違法に使用すれば盗聴器となる）の設置や私有施設への立ち入りも検討すべきである。

通信の秘密とテロ対策

「現行の犯罪捜査のための通信傍受に関する法律」（平成11年8月18日法律第１３７号、以下「通信傍受法」）であるが、対象の範囲は狭く、制限が強い。現行制度では、すでに起こった犯罪の捜査のために裁判所が可否を判断する傍受（いわゆる司法傍受）のみが許されており、将来起こるかもしれない犯罪防止のために行政府が可否を判断する傍受（いわゆる行政傍受）はできない。つまり、１回目の事件の捜査としての傍受で得た情報に基づいて、２回目以降の事件を防止することはできても、１回目の事件を防止するための傍受はできないのである。

また、令状の有効期間は最長30日と短く、傍受終了後に被傍受者に傍受したことを通知しなければならない。現実にはテロリストが攻撃計画を具体的に通信する訳ではなく、長期にわたって傍受して暗号を解読するなどして、初めて動静をつかむことができるのである。さらに、その名の通り、通信の傍受はできるが、直接の会話の傍受は含まれていない。デジタル時代とはいえ、あるいはデジタル時代であるからこそ、記録に残らない直接の会話が決定的な役割を果たすことが考えられ、その傍受は重要である。これらのことを考慮すると、現行の傍受制度にはテロ対策上、改善すべき点がある。

傍受対象は薬物犯罪、銃器犯罪、集団密航罪、組織的殺人の４種に限られている。そこで法務省の法制審議会「新時代の刑事司法制度特別部会」で対象犯罪の拡大が議論され、２０１４年に最終的取りまとめを行なった。拡大対象犯罪の候補の中には、「刑法」（明治40年４月24日法律第45号）第１９９条（殺人）の罪又はその未遂罪があり、さらにテロ関連犯罪としてではないが暴力団関連犯罪の一般国民が標的となりうる犯罪として議論されてきた、刑法第２０４条（傷害）又は第２０５条（傷害致死）の罪及び「爆発物取締罰則」（明治17年12月27日太政官布告第32号）第１条（爆発物の使用）又は第２条（使用の未遂）の罪も含まれている。[7] これらはテロ対策としても活用できる。改正通信傍受法は２０１６年５月に成立した。

通信記録（発・着信電話番号あるいはメールアドレス、通信時刻と継続時間、位置情報、プロトコル等）[8]は傍受によらなくても、事業者から保存された資料の提供を受ければ足りる。だが、利用者には知らせずに提供を受け続けるとすれば、プライバシー保護の点から批判がある。通信記録は通信内容に比べると「緩やかな秘密」であり、一般市民にとって当局が把握しても抵抗感が小さいと思えるが、サイバー捜査上は貴重な情報となる可能性がある。フェルテン（Edward W. Felten）は、通信内容は体系化されていないが通信記録は数理的なので自動的に分析可能であるとして、通信記録は通信内容の代用品になるばかりか、大量に収集すると新しい種類の情報を収集することができるとしている。[9]そこで、通信記録を法執行等に弾力的に活かす手段を模索することが考えられる。

通信内容の傍受や通信記録の取得はテロ対策における有効な手段であるが、大量に収集しても、その活用がカギである。集めたデータを分析するヒトが不足するからである。英政府通信本部（Government Communications Headquarters：GCHQ）の関係者は、データの大部分は閲覧されずに破棄されると語っている。[10]データが閲覧されても、いわゆる「コンパートメント化」のために個別のセクション内に止められていたり、共有されても共有先の責任者が知らされなかったりすることが多い。[11]

通信内容の傍受や通信記録の取得は、予算と人手があれば容易である。だが、得られたデータの利用、すなわちデータの分析と行動監視には熟練した技能が必要である。事前にテロ攻撃を阻止するには、一般市民の協力、伝統的な警察活動が不可欠である。

たとえば、米国家安全保障局（National Security Agency：NSA）による通信データの大量収集が始まったのは９・11事件を受けてのことであるが、これを事件の前から行なっていれば事件を阻止できたであろうか。当時も事件の未然防止を可能にしたかもしれない情報はあったが、断片的に複数の組織内で無視されたり、放置されたりしていた。[12] つまり、情報を活かすことができなかったのである。
むしろ、大量監視は正反対の効果も持ちうる。すなわち、テロリストが企てている計画を目立たなくする危険がある。無差別的に網をかけるのではなく、対象を選んで監視する体制の方が、より具体的で有用な情報を得られる。情報機関は大量のデータの海に溺れて、データを効率的に分類することさえままならなくなっているとする指摘もある。[13]
だが、対象を選ぶことも容易ではない。２０１５年１月のパリ連続銃撃事件（シャルリー・エブド襲

7　新たな刑事司法制度の構築についての調査審議の結果（案）http://www.moj.go.jp/content/001125178.pdf　２０１４年９月５日アクセス。
8　これに加えて、利用者の氏名、住所、口座、クレジットカード状況等の情報も貴重である。
9　グレン・グリーンウォルド（田口俊樹、濱野大道、武藤陽生訳）『暴露』（新潮社、２０１４年）２０３－05頁。
10　ルーク・ハーディング（三木俊哉訳）『スノーデン・ファイル』（日経ＢＰ社、２０１４年）１６４頁。
11　デイナ・プリースト、ウィリアム・アーキン（玉置悟訳）『トップシークレット・アメリカ』（草思社、２０１３年）45－46頁。
12　The National Commission on Terrorist Attacks upon the United States, *The 9/11 Commission Report*, 2004, pp.353-58.
13　グレン・グリーンウォルド（田口俊樹、濱野大道、武藤陽生訳）『暴露』（新潮社、２０１４年）３０４－07頁。

撃事件）について、当局が3人の容疑者を把握しながらテロ事件を未然に防げなかったことに、一部で批判が上がっている。フランスのテロ対策の専門家は、当局はテロ事件が起きた場合に、容疑者について事前に何の情報もつかんでいなかったと批判されるのを恐れて、やみくもに監視の対象者を増やしているが、対象者を絞った効率的な監視態勢を整える必要があると指摘した。発言の骨子は「容疑者が3年の間、何の問題も起こさなかったため、捜査員は監視の必要はないと判断した。しかし、その間も容疑者は互いに何百回も連絡を取り合っていた。捜査当局の監視対象は今や最大5000人にも上り、誰を重点的に監視するか見誤っていた。今のフランスで本当に危険なのは数十人程度だ」[14]これらの数字には異論もあろうが、発言の趣旨は肯《うなず》ける。だが、対象を絞る過程で、網から出してしまったのである。どのような人物を監視対象に含めるかの判断は、経験や推理などの「アナログ」技能である。

組織化されていないテロリストへの対策

単独犯・少数犯のテロリストは、組織性のあるテロリストと異なり、通信量が少ないかまったくないので、通信データの取得の有効性はさらに限られている。2005年ロンドン地下鉄バス同時爆破事件の主犯格は、当局にその存在を知られていたが、行動監視の優先度は低かった。[15] 2013年ボストンマラソン爆破事件の犯人についても、要注意人物であるとの情報がロシアから米国へ送られていた。2014年から2015年にかけて発生した、シドニー、パリ、コペンハーゲンでの銃撃事件の犯人たちも、当局に存在を知られてはいた。それ以前に先進民主主義国で発生した類似の諸事件の犯人たちのうちの何人かも同様である。だが、事件の発生を防げなかった。2011年ノルウェー爆破銃撃事件の犯人（単独犯）は、後にして思えば不審な兆候はいくつかあったが、事件前に当局に情報は寄せられなかった。[16]

これらに対して、2007年西武新宿線爆破計画事件の犯人（これも単独犯）は、市民から警察に寄せられた情報に基づいて捜査を開始し、検挙・事件の未然防止につながった。地道な警察活動と市民の協力の重要性は変わらない。

前章で既述したが、人権の制限と言っても、行動の制限とプライバシーの制限とでは、大きな違いがある。前者は個人の自由を妨げるが、後者は妨げない。個人に関する情報が、それを知ることが必要な関係者にのみ知られている分には、個人の生活に実害はない。現実に、われわれは出生地、誕生

14　「仏のテロ対策専門家「監視見誤った」」 http://www3.nhk.or.jp/news/html/20150119/k10014779851000.html　2015年1月19日アクセス。
15　Hayman, Andy, *The Terrorist Hunters*, Bantam Press, 2009, p.88.
16　Tore Bjørgo, "Terrorist target selection: The case of the 22 July attacks in Norway". 警察政策学会ミニフォーラム、2014年4月8日。

日、家族関係、所得は公権力に把握されている。そして、それは種々のサービスの享受、権利の行使、義務の遂行には欠かせない。安全のために、たとえばプライバシーや生体情報の一部を提供することは、そのような情報が悪用されたり、流出したりしない限りは、権利の侵害とは思えない。犯罪にかかわりのないものにとって、個人情報を公権力に把握されていることは、税以外はほとんど実生活に影響はない。

たとえば、ドイツ内務相は、パスポートに用いられるデジタル化された指紋や写真に、警察がアクセスできることを要求したが、これは政府部内にも不協和音を生じさせた[17]。言うまでもなく、パスポートは公文書であり、個人情報はすでに「御上」には知られているのである。渡航目的に提供した個人情報であっても、必要であれば安全のために、すなわち人命のために利用されることを拒まないのが、国民の義務ではないだろうか。個人情報への柔軟なアクセスは、事故の際の身元確認にも役立つ。

また、地域や期間を限定しての同意なしの手荷物検査も、法律で明確に可能とすることが望ましい。多くの日本人は検査に協力的だが、稀に非協力的な人物もいる。外国人の場合は、個人の権利として、法的根拠を求めてくることも考えられる。

自由を守るテロ対策法

以上のような法制度を導入するのは、テロリズムを厳しく取り締まること以外に、テロ対策の行きすぎを先取りして防ぐ意味がある。１０００名単位以上の被害者を出す大量殺戮テロリズムが発生したとすると、社会がヒステリア状態となり、内戦さながらの対応をする可能性は否定できない。そこまで極端ではないにしても、疑わしいと思われる人物を外部とは接触させずに、無期限に拘束することも考えられないではない。このような方法が、テロ事件の防止にまったく効果がないとは言い切れない。だが、これでは患部とともに正常な部位も破壊してしまう治療のようなものであり、患者を苦しませてしまう。

もちろん、今日の日本でテロ対策の行きすぎは極めて考えにくい。しかしながら、憲法改正論議の中で、少数ではあるが、軍事裁判所設置を検討する声もある。軍事裁判所の任務とは、本来、軍規を保つことであるが、テロ容疑者を「違法な戦闘員」として扱うことも否定し切れない。テロ対策の行きすぎを防ぐには、司法手続きの範囲内でテロリストを取り締まれることが、有効な手段である。すなわち逆説的だが、個々人の自由を守るために、法執行能力の強化が必要である。強い国家と弱い個人という考え方は、大量殺戮テロリズムが可能な現代、１００パーセント適用できるとは言い切れない。刑事法制度の弾力的運用が求められている。

17　Deutsche Welle, "Top German Politicians Argue Over Measures to Fight Terrorism.", http://www.dw-world.de/dw/article/0,2144,2447003,00.html, 14 April 2007 ２００７年４月19日アクセス。

警察組織と軍事組織との関係

先進民主主義諸国の例を見ると、法律で明文化しているか、事実上であるかはともかく、警察あるいは文民機関に指揮権を一元化する原則を持っている国が大方である。あるいは、軍を治安維持に投入すること自体が許されていない国もある。

米国の例

米国では、軍（州知事の指揮下にある州兵—national guard—は含まれない）を法執行に使用することは、原則として違法であり、9・11事件後もこれを改正・廃止する動きはない。だが、各種の特別法の規定により、軍が警察を支援することや、憲法に規定された大統領権限によって軍を治安維持目的に使用することは可能である。

「自警団（Posse Comitatus）法」とは、米国の連邦軍（州兵は除く）を国内治安維持に使用すること、すなわち軍を自警団の一部として使用することを禁止する法律で、1878年に制定された。導入の背景には諸説あるが、連邦政府の権限拡大に反対する考えや、軍を文民機関に従属させる伝統に支えられ、一部修正を経て現在に至っている。判例では、法執行活動への軍の間接的な参加は合法だが、一般市民に対する規制は違法であり、交通整理や道路封鎖はできない。国防省令では情報収集、捜査への参加も禁止されている。この法律にもかかわらず、特別法や大統領権限により、軍を治安維持に使用することは可能である。１９９２年のロス暴動では、当時のブッシュ（父）大統領が、州兵を連邦軍に編入するとともに、陸軍、海兵隊の部隊も招集して統合部隊を設置したが、連邦軍が活動を開始する前に事態は沈静化した。国防省と司法省との間の協議に手間取ったと言われている。[18]

この法律の是非をめぐって、軍の活動はあくまでも文民機関への支援であり、軍みずから主務機関となるのではないことは自明であって、軍がしてはならないことを明示した新しい法律を作る方が、多様な解釈を防止し、現場の混乱をなくすことができるという意見がある。その一方で、必要な時に軍を直接、治安維持活動に従事させることは可能であり、自警団法は法秩序維持の妨げにはならず、この法律の趣旨を法執行機関と軍に理解させ、軍は文民機関への支援業務に徹して、その任務に関して文民機関が明確な指示を出すようにすればよいという意見もある。自警団法には米国の伝統である文民優位の原則の象徴的価値があり、軍投入に対し抑制効果が期待できるという声もある。[19]

国内テロリズムに際しての官庁間行動計画では、連邦捜査局（Federal Bureau of Investigation：FBI）

18　Currier, Donald J. *THE POSSE COMITATUS ACT: A HARMLESS RELIC FROM THE POST-RECONSTRUCTION ERA OR A LEGAL IMPEDEMENT TO TRANSFORMATION?* (Carlisle, PA, Strategic Studies Institute, US Army War College, 2003), p.12.

19　Banks, Williams C., "Troops Defending the Homeland: The Posse Comitatus Act and the Legal Environment for a Military Role in Domestic Counter Terrorism." *TERRORISM and POLITICAL VIOLENCE* Vol. 14, No. 3, Autumn 2002, p.34.

が法執行における主務機関と位置付けられ、他の機関に対しても指揮権を持つことになっている。[20] 米国で２００２年に設立された、本土防衛（homeland defence）が主任務の北方軍司令部（US Northern Command）は、大規模テロ事件等への支援は行なうが、自警団法に基づき法執行活動には直接、関与しないこと、[21] および軍は文民機関に取って代わる意図は毛頭なく、要請があれば支援するが、必要がなくなれば速やかに撤退すると明言している。[22]

法的制約があっても、その中で軍が法秩序維持に一役買うことができる。軍が災害派遣された際、その部隊は災害救助だけでなく、治安維持「協力」活動にも従事することがある。日本では考えられないことだが、米国では被災地での略奪などの犯罪が頻繁に発生する。先に述べたように、軍は治安維持活動は許されていないが、災害現場でその存在を示すことで、違法行為を抑制することができる。また、警察と無線で結ばれていると（周波数の調整は必要である）、違法行為が発生した場合は、それを警察に通報して、これを受けた警察が取り締まりを行なうことになる。これは軍がテロ事件で災害出動した時に、有効な方法である。[23]

英国の例

（1）背景

従来の英国のテロ対策は、北アイルランド紛争に由来するものを主対象にしていた。しかしながら、北アイルランド紛争が、少なくとも暴力に関しては一段落したのに対して、イスラム過激派などによる、いわゆる国際テロリズムの脅威がより深刻に受け止められつつある。北アイルランド紛争型のテロリズムは爆破および銃撃が主であり、心理的被害は深刻であったが、物理的被害は局限できた。１本別の通りにいれば、事件に巻き込まれることもなかった。だが、大規模テロリズムは広い地域にまたがり、文字通り被害規模が甚大である。たとえば、被害者の収容には複数の病院が必要だ。日常の事件、事故への対応のレベルをはるかに超える。もはやテロ対策は法執行だけの問題ではなく、防災の面からも備えが必要であり、国としての危機管理の問題であるという意識ができ上がっている。

20　United States Government Interagency Domestic Terrorism Concept of Operations Plan, http://www.fas.org/irp/threat/conplan.html にて閲覧可能。

21　http://www.northcom.mil/AboutUSNORTHCOM.aspx ２０１５年９月２日アクセス。

22　http://www.northcom.mil/Portals/28/Documents/A%20Short%20History%20of%20USNORTHCOM%20（current%20as%20of%20March%202014）.pdf ２０１５年９月２日アクセス。

23　たとえば、Sullivan, Gordon R., "Hurricane Andrew: An After Action Report", *Army*, January 1993, p. 19. 参照。この論文の日本語訳は「ハリケーン・アンドリュー」（『軍事研究』１９９５年４月号）78－89頁。

（2）警察と軍との関係

①原則

英国では国内で発生した緊急事態には、災害であれ、テロリズムであれ、また戦争であれ、内務省が主務機関として対処するのが原則である。軍の文民機関への支援は、大別するとテロ対策、災害対策、行政サービスの確保の3種類ある。このうち、行政サービスの確保とは、たとえば労働争議によって一般の行政サービスが停止した場合、市民に水を供給・分配したり、廃棄物を処理したりすることなどである。軍による支援はあくまでも文民機関の業務の補完であって、いかなる場合でも、英国国内で軍が主導権を握ることはない。英国は文民優位の国であり、戒厳令の制度もない。19世紀に軍が不穏な動きをしたことがあり、それ以来、英国は文民が軍に優先するという確固たる制度を発展させてきた[24]。

英国では治安維持活動に出動した軍の部隊は、警察の指揮下に入る（police is in command あるいは armed force is responsible to police）。テロ事案における軍使用の法的根拠は、「非常事態権限法（Emergency Powers Act）」に求めることもできるが、通常は、1000年の歴史を有する「慣習法（Common Law）」に求めている。それによると、一般の個人でも警察活動の支援を要請されれば、それを行なわなければならない。したがって、軍も法的に義務を負うのであり、警察の要請を断ることはできないのである[25]。

警察による実力行使には、実施規準（Code of Practice）があり、火器の使用もこの規準による。火器の使用が適切であったか否かは、命令権者とともに実行者の責任でもある。たとえ上司の命令であっても、実行者は責任を問われる。これは軍をテロ対策に利用した場合でも同様で、戦争ではないのだから、必要最小限の実力行使の原則が適用される。[26]

②手続き

軍のテロ事案への投入も、警察主導で行なう。重大事案では、内相が内閣緊急事態委員会（Cabinet Contingencies Committee：CCC、閣僚レベルの内閣委員会[27]）を主催し、軍の使用が必要な場合は、その任務、場所、期間等を明示して国防相に要請し、承諾を得ることになっている。しかし、この手続きはかなり柔軟である。警察の判断より以前に、内相と国防相が了解し合って、警察に決定権を与えることや、内相と国防相の合意を待たずに、警察が軍の出動を要請することも可能である。テロ対策に軍が出動

24　英国内閣緊急事態事務局（Cabinet Contingencies Secretariat）関係者への面接調査、２００３年7月4日。

25　英国内閣緊急事態準備大学校（Cabinet Office Emergency Planning College）関係者（2名）への面接調査、２００３年６月30日。

26　英国中央警察訓練機構（Central Police Training and Development Authority）関係者（2名）への面接調査、２００３年７月１日。

27　一般に委員会が開かれる場所の名前を取って、コブラ－COBRA（Cabinet Office Briefing Room A）と呼ばれている。

する場合でも、軍が警察に取って代わることは、絶対に許されない。また、出動した部隊は、事実上、現地の警察の指揮下に入ることになる。[28]

③事例

A　在英イラン大使館占拠人質事件

１９８０年に発生した在英イラン大使館占拠人質事件に際しては、内閣緊急事態委員会が設置された。警察の指揮官は、人質が殺害され始めると、軍を救出作戦に投入する権限を内相に要請し、これを承認した内相は国防相の同意を得た。陸軍特殊部隊が突入し、救出作戦を敢行したのは、人質の殺害が確認されてから35分後のことであった。この時、陸軍特殊部隊は本来の指揮官である国防相ではなく、現場の警察の責任者の下で行動したのである。救出作戦そのものは、陸軍特殊部隊の指揮官の判断で実行されたが、作戦終了後、軍部隊はすみやかに人質、犯人、建物を警察に引き渡して、現場から撤収した。[29]

なお、１９８０年当時と異なり、現在では警察の銃器対策・人質救出能力は向上しており、万一、同様の事案が発生したとしても、警察が対処するとされている。軍の投入はあくまでも他に手段がない場合に限られているのである。[30]

B　北アイルランド紛争

民主主義国では異例なほど、大規模、長期間にわたって軍が治安維持に使用された北アイルランド紛争でも、軍は文民当局主導の下で行動した。ただし、同紛争の直接の発端は、北アイルランド自治政府が少数派のカトリック系住民に対して、雇用・住宅政策、さらには財産による選挙資格の制限等、露骨な差別を行なっていたことであり、かつ当時のアルスター警察（Royal Ulster Constabulary : RUC）も、警察の鉄則である不偏不党性に問題があったため、当局の正当性は万全ではなかった。[31]そのため、あたかも軍が前面に出たかのような印象を与えた。

このような状況下での軍の活動は困難を極めた。軍には多数派のプロテスタント系住民の一部による暴力から、少数派のカトリック系住民を保護する任務もあり、またアルスター警察がカトリック系住民に信頼されていなかったこともあって、北アイルランドに派遣された当初は、軍はカトリック系住民から歓迎された。だが、秩序を維持する基盤が脆弱であったこと、および軍による行きすぎがカ

28　英国内閣緊急事態事務局関係者への面接調査、２００３年７月４日。
29　Clutterbuck, Richard. *The Future of Political Violence* (Houndmills, Macmillan, 1986), p.66-67.
30　英国中央警察訓練機構（Central Police Training and Development Authority）関係者（２名）への面接調査、２００３年７月１日。
31　D. Mansfield, "The Irish Republican Army and Northern Ireland", B.E. O'Neill,et.al. (ed.), *Insurgency in the Modern World* (Boulder, Westview, 1980), p.52.

トリック系住民の反感を招いた。その最たるものは、デモ隊に向かって陸軍の空挺部隊が発砲、13名を死亡させた、いわゆる「血の日曜日事件（Bloody Sunday（1972））」である。[32] この事件を契機にカトリック系住民の軍に対する印象が一変した。軍自体が英国による北アイルランド支配の象徴として、カトリック過激派のテロリズムの攻撃目標となり、結局、力による紛争解決はできなかった。警察がある程度、機能していればこそ、その不足分を軍が補うことは有効であるが、そもそも警察が機能していないところでは、軍も機能しえないのである。

その他の欧米諸国の例

フランス、イタリアでは国防省所属の憲兵組織、フランスはジャンダルムリ（Gendarmerie Nationale）、イタリアはカラビニエリ（Arma dei Carabinieri）があり、治安維持の任務に関しては、ともに県知事、場合によっては内相の指揮下に入って行なう。これらの憲兵組織は、テロ事案が発生した時だけではなく、日常の警察業務にも従事している。このため、組織の性格は警察の一部とみなされており、軍が治安維持を行なっているとは考えられていない。[33] フランスでは9・11事件以後、警察官と軍人とがペアを組んでパトロールするシステムが導入されたが、この場合も、軍人は警察官の助手的立場である。なお、ジャンダルムリは、２００９年に内務省の所属となった。最近、フランスでは軍人だけでパトロールすることが見られるようになったが、3人でパトロールしていた軍人が刃物で切り付けられて全員負傷する事件があった。犯人は居合わせた市民や駆けつけた警察官に取り押さえられた。[34] なぜ自動小銃で武装していながら、受傷を防げなかったのだろうか。これは推測だが、市民を巻き添えにしたり過剰防衛になったりすることを恐れて、軍人自身で判断で銃の使用をためらったか、あるいはそのような指示が上から出ていたのかもしれない。それとも銃に実弾が装てんされていなかったのかもしれない。治安維持のための武器使用と戦争のための武器使用とは異なる。警察官に伴われずに軍人だけでパトロールさせることには、危険が潜んでいる。

ドイツでは、治安維持のために軍隊を使用することを憲法は認めていない。憲法は「内部的緊急事態」に当たって、連邦政府は軍を州警察や連邦国境警備隊の支援のために出動させることができるとしているが、「内部的緊急事態」とは、外国から指令・支援を受けた間接侵略を指す。空中からの偵察、通信、輸送などでの警察への協力は合憲である。９・11事件のようなケースを想定して、軍がハイジャック機を撃墜できるとした法律が制定されたことがあったが、憲法裁判所はこの法律を違憲であると判断した。ドイツでは２００６年サッカーワールドカップに備えて、軍を治安維持のために使

32　鈴木良平『ＩＲＡ：第４版増補』（彩流社、１９９９年）１４１－43頁。２０１０年、キャメロン（David Cameron）首相は、英軍に非があったとして議会で謝罪している。
33　フランス国家警察関係者への面接調査、２００６年11月29日。
34　French soldiers wounded in Nice Jewish community centre attack", http://www.bbc.com/news/world-europe-31118020　２０１５年２月３日アクセス。

用できるようにすべきかどうかという議論があり、そのために二つの方法が考えられていた。ひとつは憲法を改正して、警察の指揮下で軍を動かす方法であり、もうひとつは憲法を迂回する形ではあるが、一時的に軍人を警察に出向させて、警察官の身分を与えることである。[35] 結局、どちらも見送られ、大会は無事終了した。

カナダの例

カナダでも、法律上の手続きの差異こそあれ、警察が主導するということ、民主主義国における原則として、軍の投入は最後の手段であるという点では一致している。[36] たとえば、1970年、ケベック解放戦線（Front de Libération du Québec：FLQ）によって引き起こされた一連のテロ事件、すなわち「10月危機」で、軍がケベック州に派遣されたが、これはケベック州警察本部長の指揮下に置かれた。軍は、法律的には可能であったが、家宅捜索や容疑者逮捕を行なうことなく、固定警備や警察部隊の空輸を担当した。軍人が市民と直接、接触するような任務は避けている。[37]

オーストラリアの例

(1)背景

オーストラリアでは、政府も国民も、最近までテロリズムにあまり関心を払っていなかった。だが、この2年間で状況は根本的に変化した。オーストラリアにとっては、9・11事件よりもバリ島クラブ爆破事件の方が大きな衝撃を与えた。９・11事件におけるオーストラリア国民の死者は11名だが、バリ島事件では88名である。オーストラリア国民は、テロリズムの脅威に晒されていることを実感した。オーストラリアは、９・11事件を起こしたアル・カイダの総帥と目されるオサマ・ビン・ラディンによるとされる声明の中でも、標的として名指しされている。[38] また、インドネシアを拠点とするイスラム・テロ・グループ、ジェマァ・イスラミア（Jemaah Islamiyah）も、主要メンバーが逮捕されたとはいえ、依然として警戒を要する。[39]

オーストラリア政府としては、いかなるテロリズムも正当化されないという立場であり、テロリズムに対しては断固とした態度で立ち向かう。テロ対策は、今や省庁を横断する施策であり、内務・法務省、警察、情報機関、国防省、軍、外務省に加えて、バリ島クラブ爆破事件の教訓を得て、被害者

35　ドイツ連邦軍関係者への面接調査、２００６年3月6日。
36　Lewis, Duncan , "Guarding Australians against Terrorism," *Australian Army Journal*, Vol. 1, No. 2, December 2003, p.52.
37　Charters, David A. and Leblanc, James, "Peace-keeping and Internal Security: The Canadian Army in Low-Intensity Operations," Charters, David and Tugwell, Maurice (ed.), *Armies in Low-Intensity Conflict – A Comparative Analysis*, (London: Brassey's, 1989), p.150-52.
38　BBC NEWS, "Full text: 'Bin Laden's Message", http://news.bbc.co.uk/2/hi/middle_east/2455845.stm, 14 November 2002
39　International Crisis Group, Jemaah Islamiyah in South East Asia: Damaged But Still Dangerous, 26 August 2003, p.31.

救済の面から、保健社会福祉省も、テロ対策チームの主要メンバーとなった。このように国内の治安を確保するとともに、諸外国とも協力を惜しまない姿勢である。[40]

(2)警察と軍との関係

①原則

オーストラリアにはテロリズムへの対応をめぐる法執行機関と軍との役割に関して、二つの考え方の流れがある。ひとつは、テロ対策は21世紀の軍の新たな任務であり、軍が中心的役割を果たすべきだというものである。もうひとつは、テロ対策は本質的に法執行機関の任務であり、軍は主務機関ではないとするものである。後者が多数の支持を得ている。テロ対策は各州政府と州警察(首都特別区では連邦警察)の任務であり、軍が任務を与えられるとすれば、最後の手段として警察を支援することである。軍にとっては、純粋な軍事活動の方が実行しやすい。政治的にも、軍が国内治安で大きな役割を果たすことは好ましくないし、軍もそれを望んでいない。

ジョン・ハワード(John Howard)首相(当時)がテロリストへの先制攻撃を示唆したこともあったが、米国を支援する意図で行なわれたもので、実質はない。むしろバリ島クラブ爆破事件によって、テロ対策では警察が果たす役割が大きいということが、国民の間でも認識された。[41]

オーストラリアでは国民は軍を信頼しており、軍が国内で活動することに抵抗はないが、それでもあまり大きな役割を与えるべきではないとされる。軍のテロ対処能力を向上させる必要は認められているが、軍の主たる任務は国防であって、警察力の向上の方が有効であろう。テロリズムの脅威は、軍事的に取り除くべき性質のものではなく、情報や法執行の問題である。当然のことながら、軍には逮捕権も捜査権もなく、一般市民と同じ資格で警察活動を支援するのである。いかに重大事案であっても、軍が警察に取って代わるのではない。これは国民全体のコンセンサスである[42]。なお、オーストラリアの一部では、警察が軍隊化することを危惧する声もあるが、杞憂に過ぎないと思われる[43]。

前述のように、９・11事件およびバリ島クラブ爆破事件によって、オーストラリアのテロリズムに対する考え方、テロ対策は根本的に変わった。事件以前は、情報機関の活動に基づき、国民に警戒を呼びかける程度であったが、事件以後は、法執行機関と情報機関が協力して、事件防止に努めることが求められるようになり、テロリズムに割く資源が増大した。

だが、軍の役割に関しては、事件後も大きな変化はない。すなわち、軍の任務とは、従来通り、生物・化学剤対処や爆発物処理、人質救出行動の支援である。その場合、警察の指揮官と軍の指揮官と

40　オーストラリア外務省（Foreign Affairs and Trade）関係者への面接調査、２００３年10月10日。
41　オーストラリア国立大学戦略防衛研究センター（Australian National University：ANU. Strategic and Defence Studies Centre: SDSC）Robert Ayson 氏への面接調査、２００３年10月７日。
42　オーストラリア戦略政策研究所（Australian Strategic Policy Institute）Aldo Borgu 氏への面接調査、２００３年10月８日。
43　オーストラリア国立大学戦略防衛研究センター Cameron Crouch 氏への面接調査、２００３年10月10日。

が連携することになるが、軍は警察からの指示を待つ。軍は文民の所管である活動に介入できないという大前提があり、警察がイニシアチブをとるのは当然である。これには軍も異論はない。[44] 陸軍少将で特殊作戦司令部初代司令官のダンカン・ルイス（Duncan Lewis）も、同司令部の創設（２００２年）にもかかわらず、民主主義国においては軍のテロ対策への投入は最後の手段であり、文民執行機関への軍の支援を要請する際には、このことを理解すべきだとしている。[45]

②手続き

軍を治安目的に使用するには、手続き的にはまず州レベルで州警察（首都特別区域の場合は連邦警察）と軍との間で、軍が行なうべき任務、区域、期間について合意し、州首相がそれを承認した上で、さらに連邦首相、法相、国防相が承認し、最後に総督が署名することが必要である。法的根拠は「国防法（Defence Act 1903）」第51条である。実際には、この手続きは極めて迅速に行なわれ、また関係者の間で意見が一致しないということはなく、各地の警察の判断がそのまま通ると考えてよい。[46] 地方から中央へ案を上げてゆくという点で、わが国の「要請による治安出動」に似たところもあるが、わが国の制度では警察の判断がそのまま通るという保証はない。

③事例

オリンピック・シドニー大会の警備も、もちろん警察が主務機関として担当した。軍は爆発物や生物・化学剤の処理が必要になった場合に備えて、舞台裏で待機していた。この活動が世間の注目を集めることはなかったが、警備担当者やオリンピック関係者も含め一般市民に安心感を与えたことは想像に難くない。

（3）海外での活動・国際協力

①実情

諸外国のテロ対策能力の向上を支援することも、オーストラリアのテロ対策のひとつの柱である。オーストラリアと日本の警察は、バリ島クラブ爆破事件の捜査や、インドネシアの警察改革にともに協力している。ハワード首相が訪日した際に発表された共同声明でも、この分野での日豪両国のいっそうの協力が述べられている。[47]

44　オーストラリア連邦警察関係者への面接調査、２００３年10月９日。
45　Lewis, Duncan, "Guarding Australians against Terrorism", *Australian Army Journal*, Vol. I, No. 2, December 2003, p.52.
46　オーストラリア内務・法務省（Attorney General）保護安全調整センター（Protective Security Coordination Centre - PSCC）関係者への面接調査、２００３年10月８日。
47　日本外務省ホームページ、「国際テロリズムとの闘いに関する協力についての日豪共同声明」、http://www.mofa.go.jp/mofaj/area/australia/ja_terro_s.html ２００３年８月21日。

また、オーストラリアはソロモン諸島の治安回復活動でも、中心的役割を果たしている。今や各国の国内治安が、諸外国の安全に影響を及ぼす時代である。警察による国際協力は、将来、より重要になるであろう。しかし、注意しておかなければならないことは、このような活動は当該政府の要請に基づくのであり、強要する性質のものではないということである。[48]

②今後の課題

今後の課題は二つある。ひとつは警察の海外での活動能力の強化であり、もうひとつは国内業務との釣り合いである。将来、国外での治安回復・維持活動が増加することが予想される。補給や空輸は軍が担当するとしても、警察はもっと海外での活動能力を整備すべきではないかという意見もある。たとえば、フランスのジャンダルムリやイタリアのカラビニエリのような部隊を、警察内部に持つことも検討してよいのではないかという考えもある。[49] これは軍の負担を軽減し、軍が本来任務である国防に専念できることにもなる。

だが、警察が海外での活動能力を整備することは必要だが、重武装化には慎重であるべきだとする意見も根強い。なぜなら、警察活動はあくまでも非武装ないし軽武装が基本であり、強制よりも説得・交渉がその本質だからである。[50] 重武装が必要な活動に関しては、軍を投入する方が効率がよいし、警察の軍事化を避ける意味がある。

ソロモン諸島の治安回復活動には軍も参加しているが、軍は警察より強力な武器を持った叛徒から警察を保護し、警察は治安回復に従事している。重武装の叛徒に対処することは警察の能力を超えるが、現地の治安を確保し、警察官を訓練することは軍の能力を超える。このように両者の役割ができ上がっている。ちなみに、派遣されている人数を比較すれば、警察官２００名に対し、軍人は１５００名であり、軍人の方がはるかに多いが、司令官は警察官である。[51]

また、安定化のための国際協力のために、要員を派遣するには、まず派遣国自身の国内の治安が保たれていることが必要だ。どこの国でも、犯罪の低年齢化、凶悪化、サイバー犯罪や外国人にかかわる犯罪の増加に直面しているが、警察官の数は不足している。国民は安心して生活できることを求めている。デスクワークは事務職員に任せ、制服警察官は犯罪の予防や取り締まりに専念させる方向である。[52]オーストラリアでは国際業務の増加に伴い、予算、人員も相応に増加させることに社会のコンセンサスを見ている。だが、日常の警察活動を軍が支援するという発想はない。[53]

48　オーストラリア連邦警察関係者への面接調査、２００３年10月９日。
49　オーストラリア戦略政策研究所（Australian Strategic Policy Institute）Aldo Borgu 氏への面接調査、２００３年10月８日。
50　オーストラリア連邦警察関係者への面接調査、２００３年10月９日。
51　オーストラリア連邦警察ホームページ、"Solomon Islands Mission", http://www.afp.gov.au/page.asp?ref=News/solomons/home.xml. 1 October 2003
52　オーストラリア連邦警察関係者への面接調査、２００３年10月９日。

以上、諸外国の例を見たわけだが、概して言えば、先進民主主義国では軍をテロ対策など治安維持活動に投入することには非常に慎重で、仮に投入するとしても、警察の一部として行動させている。言葉を換えると、警察から独立した形での行動はさせず、警察あるいは治安担当機関が全体を統制している。言うまでもなく、各国には固有の事情や背景があり、外国の制度を「直輸入」することができないのは当然である。また、さらに多くの国々の制度を詳細に考察することが望ましい。と言っても、おおよその方向を打ち出すことは可能であるし、そうすることで、議論をより発展させることが大事である。

日本の警察組織の全国性と地域性

テロリズムの脅威は安全保障の問題なので、国が一括して扱うことが望ましいとする見解が存在する。たしかに警察機構のあり方として、地域密着型の自治体警察と、国家規模ないし国際規模の課題に専念する国家警察との二本立てにする考え方も理論的には可能である。だが、米国やフランスの例を見ると、複数系統の警察組織の役割分担には複雑なものがある。[54] 日本の警察制度は、自治体警察ではあっても、国家警察的性格も兼ね備えており、複数の都道府県にわたる事案は、警察庁が調整を行なうことによって、国としてのテロ対策の一貫性は保たれる。治安維持活動は地域性が強いが、日本の制度では警察学校を卒業した警察官は、まず交番に配属されて、国民と接することになっている。国民の理解と協力を得ることが必須のテロ対策を実施する上で、地域社会との結びつきは警察の強みである。

たとえば９・11事件に関連して沖縄では、警察は県民の複雑な対米感情を考慮しつつ、米軍基地を警備しなければならなかった。他県からの応援も含め、アフガニスタンでの軍事行動が始まった２００５年10月から約４カ月、米軍基地警備が続いた。警備実施以前は、基地周辺で市民の一部と米軍との間にトラブルも発生したが、警備実施後はそのようなトラブルはなくなった。警察は県民と米軍の双方からの信頼を勝ち得たが、これは地域性の強い警察ならではの成果である。

自衛隊とテロ対策

論者の間にはテロ対策において警察と自衛隊は連携を強化すべきであるとする声がある。だが、単に「連携を強化せよ」と唱えるだけでは、具体性に欠ける。災害救助活動であれば、互いに現地で協

53　Canberra Times, 2 and 8 October 2003.
54　磯辺力「「安全の中の自由」の法理と警察法理論」」（『警察政策』第７巻、２００５年）15－16頁。

力し合ったり、地域を区切って別々に行動したりするのもひとつの方法であるとする意見もある。だが、機微な情報を扱い、人を殺傷する意図を持ったテロリストと市民が混在する（可能性のある）現場では、指揮系統の一元化が必要である。

日本では内閣総理大臣の命令による治安出動（「自衛隊法」第78条）と都道府県知事の要請による治安出動（同法第81条）および警護出動（同法第81条の2）がある。「命令による治安出動」は国会の承認が必要である。警護出動の対象は自衛隊および米軍の施設等に限定されている。警察と自衛隊との間に指揮関係はなく、互いに協力しながら独自の指揮系統で活動することになっている。これは先進民主主義国では珍しい制度である。治安出動、警護出動ともに、未だ実施された例はない。

自衛隊は警察への後方支援に関しては実績がある。その実例は、1972年、浅間山荘事件の際の、殉職者および負傷者のヘリコプターによる輸送に始まる。その後、1995年、地下鉄サリン事件およびオウム真理教関連施設捜索における技術提供や装備貸与、同年の全日空機ハイジャック事件での特殊部隊の空輸、最近では2001年、アフガニスタン攻撃に関連する在日米軍基地警備強化に伴う機動隊の空輸などがある。なお、警察への支援ではないが（東京都への災害派遣である）、地下鉄サリン事件の際の汚染施設の洗浄は、自衛隊の特性を活用した例である。

浅間山荘事件の警備は遠隔の寒冷地で実施されたため、警察が通常想定する以上の食料・物資の補給やそれにかかわる作業が必要となった。温かい食事の準備や土嚢の製作、ひいては犯人グループが立てこもっている家屋の解体まで、地元住民が献身的に行なった。それはそれとして高く評価すべきであるが、万一将来、類似の事案が発生した場合は、そのような活動には自衛隊の能力を積極的に活用すべきである。また、医療設備を現場に開設することも検討に値する。

以上の自衛隊によるテロ対策支援活動は、すべて強制的措置を伴わない活動であり、法律的、政治的に何ら問題はない。だが9・11事件を受けての警護出動をめぐる「自衛隊法」改正の動きは、軽易な手続きで自衛隊の強制的措置を伴う活動に道を開くだけでなく、自衛隊の活動を「支援活動」以上のものとする可能性を持っていたため、論議を呼んだ。

警護出動をめぐる「自衛隊法」改正やわが国の現状について詳細に語ることは別の機会に譲るが、本研究に最も関係の深い点は、2001年9月18日の与党3党米国テロ事件緊急対策協議会がまとめた「自衛隊法」改正案のうち、以下の3点である。第1に国家公安委員長と協議し、内閣総理大臣の承認を得なければならないとはいえ、警護出動の命令権者は防衛庁長官である。第2に警備対象は「重要施設」[55]とされ、極めて曖昧である。第3に出動した自衛官は、警察官がその場にいる、いないにかかわらず、質問、避難等の処置、立入ができる。

この3点の問題を一言で言うならば、警護出動は命令による治安出動とは異なり、国会の承認を必

55　国の防衛のため重要な施設、国政にかかわる中枢機能が所在する施設、およびこれに準ずる施設、侵害された場合に著しく公共の安全を害し、または民心に不安を生じさせる恐れのある施設の3つである。

要とせず、手続きが簡易であるにもかかわらず、警察主導の原則が欠落していることである。逮捕権こそ認められていないものの、自衛隊は警察と二元的に対テロ警備を担当する事態が予想される。先進民主主義諸国において軍事組織が警察力を補完する制度を概観すると、軍隊は事実上、治安担当大臣や警察の指揮下で行動することになっている。それには、すでに述べたようにそれなりの理由があるのである。したがってこの時点での「自衛隊法」改正案は、軍事組織をテロ対策に活用する際の先進民主主義国における原則から見て、異例であると言わざるをえない。

当然のことながら、この案は論議を呼び、紆余曲折を経て①命令権者は内閣総理大臣であり、②警備の対象は自衛隊の施設および在日米軍の施設・区域に限定され、③出動した自衛官は、その場に警察官がいない場合に限り、質問、避難等の処置、立ち入りができるとすることで、「自衛隊法」は改正された。「自衛隊法」改正案の問題点は解決されたが、課題が残っている。警備の対象を自衛隊の施設および在日米軍の施設・区域に限定することが、果たして効果的だろうか。

戦争や暴動に比べると、テロリズムはその発生を予知することが難しい。要件が厳格であれば軍の濫用の歯止めとしては有効だが、他方、突発事案に対して軍隊の効果的な投入ができなくなることが懸念される。警察が指定した対象を、その指示に基づいて自衛隊が警備できるようにすれば、国としてのテロ対策の一貫性は保たれるし、柔軟に対応できるはずである。警察と自衛隊との共同図上演習、あるいは実働演習が各地で実施されるなど、協力体制は進んでいるかに見えるが、緊急時には警護出動であれ治安出動であれ、指揮命令系統が一元化されていなければ、混乱する可能性が高い。

表２

	テロ対策	戦争
行為の本質	治安維持行為	武力行使
主務機関	警察等の法執行機関	軍が中心
武器使用基準	必要最小限	自由、圧倒的な破壊力で敵を殲滅する
市民の犠牲	一般市民を巻き添えにすることは許されない	非戦闘員を巻き込んで死傷者を出すことも辞さない

表３

	警察・法執行機関	軍隊
民主主義の抑制均衡に基づく「住み分け」	内に発生する脅威に対処	外からの脅威に対処
捜査能力・経験	豊か	乏しい
市民との接触・地元の情報	豊か	乏しい
全国的統一性	国によって異なるが日本にはあり	あり
武器使用基準	必要最小限	制限なし
物理的暴走を他の組織が止めること	可能	不可能

幸いにして、わが国では自衛隊が強制的措置を伴う活動を行なったことはない。今後もそうであって欲しい。そのためにも、自衛隊は強制的措置を伴わない後方支援活動に力を入れ、警察がその能力を最大限に発揮できるような態勢が必要である。しかし、有事と同様に、たとえ望ましくなくても、自衛隊が強制的措置を伴う活動を行なわざるをえない状況を、想定しておかなければならない。筆者は自衛隊をテロ対策に迅速、有効に使用するには、警察の下に指揮系統を一元化すべきであると主張してきたが[56]、今もその考えに変わりはない。

英国やオーストラリアの例からも

窺い知ることができるように、健全かつ効率的な警察と軍との関係、換言すれば民主主義的価値に則って軍をテロリズムへの対応に有効に活用するための警察と軍との関係とは、警察主導の原則を貫くことである。「自衛隊法」の規定では、内閣総理大臣は海上保安庁を統制下に入れた場合、これを防衛相に指揮させることができる（第80条）が、テロ事案では逆の発想が必要である。わが国でも、自衛隊をテロ対策において適切に活用することができるよう、警察主導の原則の導入を検討すべきではあるまいか。

自衛隊の武器使用基準

自衛隊の治安出動と防衛出動とでは、その実力行使の基準は根本的に異なる。「自衛隊法」第89条第2項によれば治安出動した自衛官の武器使用には、「警察官職務執行法」第7条が準用されるとし、人に危害を与えることができる場合を制限している。このほか「自衛隊法」第90条では、三つの場合を挙げて、「その事態に応じ合理的に必要と判断される限度で」武器使用が認められている。人に危害を与えることができると明示されてはいないが、容認される趣旨と考えられる。しかしながら、その場合であっても、「その事態に応じ合理的に必要と判断される限度で」の武器の使用とは、比例原則に従うべきことを明確に定めたものであり、同条の目的を達成するための必要最小限のものでなければならない。[57] したがって、警察官の実力行使の程度を超えるものではない。

なお、防衛出動時の武力行使を規定した「自衛隊法」第88条は、第２項で「事態に応じ合理的に必要と判断される限度をこえてはならない」としている。だが、この場合は国際的な武力紛争の一環としての戦闘行為である武力の行使に関してであって、同項で言う国際の法規および慣例を遵守すれば足りると考えられる。同じ「事態に応じ合理的に必要と判断される限度」でも、治安維持行為と戦闘行為とでは意味するところが違う。

警察では手に負えなくなったのだから、自衛隊が主導すべきだという意見もあるかもしれないが、それは誤りである。なぜなら、自衛隊だけでテロ対策、すなわち治安維持活動が行なえるはずもなく、たいていの部分は警察が行なうからである。犯人を裁判で有罪とし、武器を使用した場合はそれが正当であることを確保して、初めて治安維持なのである。逆に、防衛出動が下令された場合でも、自衛隊だけで活動できるわけではない。警察が交通規制、住民の避難誘導等を行なわなければ、自衛隊は効果的に動けない。だからと言って、防衛を警察が主導すべきであるとは言わないであろう。

テロリズムにおいては、間接侵略や内戦のごときものを想定すると、対策を誤る。自衛隊の治安出

56　片山善雄「９・11事件が意味するもの」（『国際安全保障』第30巻第１－２合併号、２００２年９月）63－64頁。片山善雄「テロと安全保障－理論的考察」日本国際政治学会２００２年度研究大会。

57　河本志朗「武装工作員対処のための自衛隊の治安出動」（『警察政策』第８巻、２００６年）89頁。

動には前述のように、命令による治安出動（「自衛隊法」第78条）と要請による治安出動（「自衛隊法」第81条）の二つがある。同法第78条第1項では、「内閣総理大臣は、間接侵略その他の緊急事態に際して、一般の警察力をもっては、治安を維持することができないと認められる場合には（傍線は筆者による）、自衛隊の全部又は一部の出動を命ずることができる」と規定している。また、同法第81条第1項の、「都道府県知事は、治安維持上重大な事態につきやむを得ない必要があると認める場合には（傍線は筆者による）、当該都道府県公安委員会と協議の上、内閣総理大臣に対し、部隊等の出動を要請することができる」とある。だが、「一般の警察力をもっては、治安を維持することができない」とは、テロ対策にはふさわしくない表現である。それは間接侵略や内戦状態を指すが、これは冷戦終結という時代の流れにそぐわない。

「一般の警察力では、治安維持はできない」という呪縛

前述のように、自衛隊の治安出動には、内閣総理大臣の命令による治安出動と都道府県知事の要請による治安出動の二つがある。前者は「間接侵略その他の緊急事態に際して、一般の警察力をもっては、治安を維持することができないと認められる場合」に可能であり、後者は「治安維持上重大な事態につきやむを得ない必要があると認める場合」に可能である。実はこの「一般の警察力をもっては、治安を維持することができない」という文言が、自衛隊を治安維持活動に活用することへの足枷とな

っている。

この文言からは、警察で間に合っている間はよいが、最終的に治安に責任を持っているのは自衛隊であるという印象を受ける者もいるであろうし、そのように考えている関係者も少なくない。他の先進民主主義国のように、軍の部隊を警察の指揮系統下に入れて行動させるという考え方が根付かない訳である。だが、本書でも述べているように、治安維持の主務機関は警察や検察などの司法機関であり、自衛隊は状況に応じて支援、協力ができるにすぎない。自衛隊には最終的に治安に責任を持つ権限も能力もないのである。これは組織の存在理由によるものであり、なんら不名誉なことではない。

それでは、このような文言ができあがった背景を探ってみよう。「自衛隊法」が制定される５年前の１９４９年、中華人民共和国が成立した。もちろん民主的な選挙によってではなく、共産主義勢力が武装闘争によって、流血の末、政権奪取を完了したということである。翌１９５０年には朝鮮戦争が勃発、北朝鮮軍が南に侵攻を開始した。これは米国にとって寝耳に水であった。中国は北朝鮮側に参戦する。日本では警察予備隊が発足した。１９５１年、サンフランシスコ講和会議が開かれ日本国との平和条約（いわゆるサンフランシスコ講和条約）が結ばれ、翌１９５２年、日本は主権を回復した。この時に旧日米安全保障条約も発効した。ヨーロッパでは冷戦が進行していた。

国内に目を転じると、当時の日本共産党は、コミンフォルムや中国共産党の強い「影響」の下、武装闘争（暴力革命）路線を採用しており、全国的に大規模な騒擾事件や警察官への襲撃事件を繰り広げていた。日本共産党が武装闘争路線放棄に舵を切ったのは、１９５５年７月の第６回全国協議会

（いわゆる6全協）においてである。1954年、現行の「警察法」（昭和29年6月8日法律第162号）が制定され、広域・大規模な事案に効果的に対処できるよう、警察組織が改革されたが、その能力は未知数であった。旧日米安全保障条約では、米軍が日本国内での内乱に対処することも想定されていた。「自衛隊法」はこのような国内国外の緊張を背景に、警察法といわばセットで制定されたのである。「間接侵略その他の緊急事態に際して、一般の警察力をもっては、治安を維持することができないと認められる場合」という文言は、「自衛隊法」制定当時の脈絡で初めて理解できる。「間接侵略」は、外国の共産党が日本共産党の武装闘争を支持していた時代の遺物であり、もはや死語である。だが、「一般の警察力をもっては、治安を維持することができない」という文言は、現在も使用される。「一般の警察力」というのであれば、「特別の警察力」があるのだろうか。これも旧制度の警察組織と警察予備隊が共存していた残滓である。1960年に改訂された日米安全保障条約では、米軍の内乱対処条項は削除されている。時代に合わない文言は、「治安維持上重大な事態につきやむを得ない必要があると認める場合」に改め、警察と自衛隊との効果的な連携のよすがとすべきである。

自衛隊の活用可能性

テロ事案においては、警察は機能している。ただ、ある場面で自衛隊の支援が必要なのである。たとえば、人手が足りない時の固定警備や、警察が持っていない資材や技術の提供、警察官の武器よりも強力な武器を所持しているテロリストの制圧、あるいはさまざまな補給などである。このような支援は、警察の活動の一部をなすものであり、出動した自衛隊の部隊は、警察の指揮系統の下で行動するのが、技術的見地からも合理的である。すなわち、「自衛隊法」第81条第1項で言う「治安維持上重大な事態につきやむを得ない必要がある」が適切な表現である。

ただし、「知事の要請」が必ずしも警察の意思を反映できるとは限らない。そこで、「自衛隊法」第78条第1項の「間接侵略その他の緊急事態に際して、一般の警察力をもっては、治安を維持することができないと認められる場合には」を、「治安維持上重大な事態につきやむを得ない必要があると認める場合には」に変更するか、あるいは同法第81条第1項を、都道府県知事ではなく、都道府県公安委員会（事実上は警察）が出動を要請することができるよう、法律を改正することも考えられる。そして、自衛隊の活動を法律で細かく定めているわが国では、恐らくは警察法の中においてであろうが、出動した部隊等を警察に指揮させる明確な規定を設けて、緊急時の齟齬を避けるとともに、自衛隊による実力行使に対する国民の理解を得ることが必要である。自衛隊が治安維持に関して知りえた情報は、必ず警察に提供すること、あるいは自衛隊は警察の判断や指示に従って行動することが担保されていなければならない。

東京地下鉄サリン事件の際、自衛隊も出動したが、法的性格付けが一苦労であった。警察からオウム真理教が極めて危険な集団であり、かつサリンを所持している可能性が高いことを知らされてはいたが、厳密に言えば、自衛隊の化学学校の部隊は事件発生当初は、「勝手に出てきた」のである。「自衛隊法」第83条災害派遣の規定に照らしてみても、東京都知事は当初は災害出動の要請はしていない[58]し、要請を待ついとまがなかったので防衛庁長官が派遣したのでもない。近傍出動は、基地の周辺で基地そのものの機能の維持のために本来予定されているのであって、化学学校がある埼玉県大宮市（現さいたま市）から東京都心までの派遣は説明できない。自衛隊の出動は、「勝手に出てきた」では気の毒だから、「警察が化学装備を借りたら、人間が付いて来たことにしては」とも議論されたが、結局、東京都知事から災害派遣要請が出るまでの間は、「省庁間協力」で説明していた。[59]このような法的混乱を避けるためにも、警察がその活動の一部に自衛隊の部隊を迅速に使えるような法律の整備が必要である。

自衛隊も多様な危険に備えるようになり、ある種の対テロ能力も持つようになってはいるが、必要な時に使えなければ意味がない。テロ対策の主務機関である警察を効果的に支援できてこそ、自衛隊の存在意義がある訳であり、それでなければ「宝の持ち腐れ」であろう。

緊急対処事態の有効性

「武力攻撃事態等における我が国の平和と独立並びに国及び国民の安全の確保に関する法律」（平成15年6月13日法律第79号、以下「武力攻撃事態対処法[60]」）は、武力攻撃に準ずる事態として、緊急対処事態の規定を置いている。この法律を受けて作られた「武力攻撃事態等における国民の保護のための措置に関する法律」（平成16年6月18日法律第１１２号、以下「国民保護法」）に基づき、「国民の保護に関する基本指針」が作成され[61]、同指針は「武力攻撃に準ずるテロ等の事態」を緊急対処事態とし、想定される事態として４つの類型を示している。まず、攻撃対象施設による分類の中に、危険性を内在する物質を有する施設等（原子力発電所や化学工場）に対する攻撃と多数の人が集合する施設および大量輸送機関等（テーマパーク、乗降客の多い駅、電車・列車）に対する攻撃の二つがある。また、攻撃手段による分類の中に、多数の人を殺傷する特性を有する物質等（ＣＢＲＮ）による攻撃と、破壊の手段として交通機

58　事件発生から約5時間後、東京都知事による災害派遣要請が出たときには、自衛隊の先遣隊は現場に到着していた。

59　東京地下鉄サリン事件の関係者の回顧、およびそれらに基づいた記述は、微妙に食い違っていることが多い。これは、各人の認知の仕方が違うことや、衝撃が大きかったために思い込みが強くなることなどが理由であろう。公にされていない事実が存在する可能性もある。

60　同法第25条によると、緊急対処事態とは、「武力攻撃の手段に準ずる手段を用いて多数の人を殺傷する行為が発生した事態又は当該行為が発生する明白な危険が切迫していると認められるに至った事態（後日対処基本方針において武力攻撃事態であることの認定が行われることとなる事態を含む）で、国家として緊急に対処することが必要なもの」である。

61　基本指針は同法第32条に基づく。

関（9・11型）を用いた攻撃の二つがある。

この文面だけを見ると、いかにも武力攻撃事態対処法は重大テロ事案に有効に対処しうるかのようである。しかし、緊急対処事態とは武力攻撃事態を中心にした概念であり、武力攻撃と同じような発想でテロ事案に対処することは妥当ではない。なぜなら、テロ事案は突然発生するが、武力攻撃は国際情勢の緊迫化というウォーニングタイムがある。さらに、軍隊の動きは衛星あるいは航空機を通じて偵察、監視することが可能である。これに対して、テロ事案は一般市民を装っていた犯人が、突如として凶行に及ぶ。

武力攻撃事態対処法では、攻撃を予防・鎮圧し、国民を保護するために、政府が緊急対処事態と認定し、対処方針を決定することになっており、この対処方針は閣議で決定されなければならない。もちろん、閣議の前に、さまざまな会議が開かれる。これでは、初動の対応に間に合わない。率直に言えば、事態認定手続き・対処方針決定は、時間と手間の無駄である。緊急対処事態は事後の救援には役に立っても、事件が発生したときに対応するためには有効な手段ではない。2005年ロンドン地下鉄バス同時爆破事件でも、ロンドン警視庁の幹部が閣僚への説明に出向き、無意味な質問に苛ついたことがあった[62]。何が起こったかの報告は必要だが、そのための労力は最小限にとどめ、警察は事件への対応に専念すべきである。市民の避難や負傷者の救助、現場検証など、やるべきことは決まっており、政治家の判断を求めるべき性格のものではない。

よく誤解されるが、国としての危機管理体制とは、すべてを中央あるいは官邸が指示することとは違う。事情に精通し、情報が真っ先に入ってくる現場レベルに対処を委ねる方が賢明である。事件発生地から情報を中央に上げて、判断を仰ぐことが必要な場合であっても、一刻を争う場合は、発生地において関係する諸機関を横断する水平的な意思決定を行なうことが肝要である。この水平的な意思決定を行なうのに、最もふさわしい機関は警察である。事件発生後、事態認定がなされると否とにかかわらず、ただちに避難指示あるいは立入禁止区域の設定が、「警察官職務執行法」等に基づく警察による初動の措置として、当然行なわれる。そして、初動の措置だけでなく、その後の事件処理、被災者の救助などの過程においても、警察が主導的な役割を果たしていくべきであろう。これは、警察がすべての活動を行なうという意味ではない。関係する諸機関の活動を仕切るという意味である。

ローカルな情報網を持ち、かつナショナルな指揮、命令系統を持つ機関が、危機に際しては主導的な役割を果たすべきであろう。そのような機関はどこかと言えば、日本では警察である。消防はたしかに地域に拠点を持っているが、全国的な指揮・命令系統はない。逆に自衛隊は全国的な指揮・命令系統は持っているけれども、地域の情報はほとんどない。したがって、警察が主体となって危機に対処するのが、一番効率的だと考えられる。

能登半島地震の例であるが、２００７年3月25日10時前に地震が発生した。11時に官房長官が記者

62　Hayman, Andy, *The Terrorist Hunters,* (London, Bantam Press, 2009) pp.17-30.

会見を行なったが、この時点ですでに警察の広域緊急援助隊は出動していた。ところが、消防の緊急消防援助隊、自衛隊の災害出動は検討中であった。各機関によってタイムラグがあるが、すばやく現地の情報を得て、広域的に動けるのは警察である。他所でも述べたように、英国でも危機になると内務省、事実上は警察が指導的な立場に立つことがマニュアルでほぼ決められている。

緊急対処事態に基づく対処を全面的に否定する訳ではないが、緊急対処事態とは基本的に武力攻撃事態の前段階であって、テロ対処に適したプランとは言い難い。治安維持行為であるテロ対処においては、発生地の警察が主導する危機管理体制が理想的である。前述のように、日本の警察制度は、自治体警察ではあっても、国家警察的性格も兼ね備えており、複数の都道府県にわたる事案は、警察庁が調整を行なうことによって、国としてのテロ対策の一貫性は保たれる。英国の警察も自治体単位であるが、ある種の全国的な指揮・命令系統を持つという意味で、日本に類似したシステムである。

市民の協力

テロ攻撃の未然防止に必要なものは情報であるが、その基礎は市民の協力である。２００７年の西武新宿線爆破計画事件は、薬局から不審な購入者の情報が警察に寄せられたことが摘発につながった。日本で研修したＦＢＩの捜査官は、薬局での不審者対応訓練の経験を、本国の爆発物担当者に伝えると語っている。[63] 逆に前に述べたように、77名の犠牲者を出した２０１１年ノルウェー爆破・銃撃事件は、犯人の不審な行動が近隣住民に認識されていたにもかかわらず、警察に通報されなかった。[63]

警視庁では「テロ対策東京パートナーシップ」構想に基づき、各警察署管内で「地域版パートナーシップ」を立ち上げた。これは住民、警察、消防、自治体、各事業者の連携により、テロリズムに対する危機意識の共有や、大規模テロ事件発生時における共同対処体制の整備に取り組むものである。[64]このような取り組みが全国に広がれば、テロ事件でなく災害対処にも役立つと考えられる。

危機管理と民主主義

決して忘れてはならないことは、非常事態のシステムを動かす場合でも、市民の権利を尊重することである。たとえば英国は１０００年にわたって、民主的な市民社会を発展させてきた。１００パーセントの安全を目指すなら、抑圧的社会になるのが近道だが、それは英国が求めてきた姿ではない。換言すれば、安全と自由との間のバランスをとらなければならないが、そのためには受容すべき危険（acceptable risk）というものが存在するという国民的合意がある。[65]英国はテロリズムに対しては、「テ

63　『朝日新聞』２０１４年10月21日。
64　http://www.keishicho.metro.tokyo.jp/sikumi/partner/partner.htm ２０１５年９月10日アクセス。

ロリズム法（Terrorism Act）」や「対テロリズム・犯罪・安全保障法（Anti-Terrorism, Crime and Security Act）」等を用いて、一般刑事犯罪に対してよりも、厳しく対処している。[66] だが、このようなテロ対策は、欧州人権条約（正式には「人権と基本的自由の保護のための条約（Convention for the Protection of Human Rights and Fundamental Freedoms）」）に抵触するものであってはならない。すなわち、比例性、合法性、説明責任、必要性（proportionality, lawfulness, accountability, necessity）が問われるのである。[67]

立憲主義、自由民主主義を発展させてきた英国の例は、わが国にも参考になろう。民主主義の原則がいつでもテロ対策の障害になるという訳ではない。非常時に効果的に行動するには、政府は市民がパニックを起こさないように配慮しなければならず、それには政府が市民から信頼されていることが必要である。このように民主的な市民社会は、テロリズムに対する抗担性の高い社会でもある。

65　英国内閣緊急事態事務局（Cabinet Contingencies Secretariat）関係者への面接調査、２００３年7月４日。
66　前述の片山善雄「英国の対テロ法－安全と人権」（『警察政策』第17巻、２０１５年）96－１１９頁参照。
67　英国中央警察訓練機構（Central Police Training and Development Authority）関係者（２名）への面接調査、２００３年７月１日。

「イスラム国」に関する補遺

２０１５年11月に、パリの複数個所で銃撃・爆破事件が発生し、死者１３０名、負傷者３５０名を出す惨事となった。また、２０１６年3月にはブリュッセル（ベルギー）でも複数個所で爆破事件が発生した。これらの事件は「イスラム国」によって計画、実行された可能性があると言われている。

組織的性格

「イスラム国」の組織的性格を確認しておくと、一定の領域を支配し、政府軍と戦う実力を持っているので、テロ組織ではなく叛徒・ゲリラである。だが、国際法を遵守する意思がまったく見られない（と言うより、そもそも国際法を認めていない）ので、国際法上の法人格が与えられるとは、現時点では考えられない。

叛徒・ゲリラであるから、イラク、シリア領内では軍事的対応が可能である。イラク政府、シリア政府は軍事力を行使しているが、これは正当である。イラク領内での外国による「イスラム国」への軍事力行使は、イラク政府の要請に基づくものである。シリア領内での外国による「イスラム国」への軍事力行使は、整理が複雑である。ロシアの軍事行動はシリア政府の要請に基づくものである。しかしながら、欧米や中東諸国の軍事行動は根拠が明確ではない。イラクのための集団的自衛権行使とも考えられるが、各国間に意見の一致はない。[1]

イラク、シリア以外の国における、「イスラム国」が関与したテロ攻撃に関して「イスラム国」に軍事力を行使することは、どのように説明できるだろうか。公然とテロ攻撃を扇動している「国に準ずるもの」に対して、均衡のとれた対抗措置をとること、あるいは現地国（イラクあるいはシリア）に対して緊急避難を行なうことは、効果があるかは別として、法的には正当である。

２０１５年11月13日に発生したパリ銃撃・爆破事件を受けて、フランスが国連安保理に提出した決議案が全会一致で採択され、安保理決議２２４９号（２０１５年11月20日）となった。この決議は「イスラム国」[2]のテロ行為を防止・鎮圧すること、およびその拠点（the safe heaven）を潰滅させるために、必要なあらゆる手段（軍事力を含む－筆者）をとることを加盟国に対して求めている。これにより、「イスラム国」への武力行使の法的根拠・正当性は確保された。ただし、同決議はシリア内戦全体に介入することを容認している訳ではない。

域外でのテロ事件とのかかわり

果たして「イスラム国」は、シリア・イラク以外の国で実行されたテロ事件と、どのようにかかわっているのだろうか。換言すれば、「本家」の「イスラム国」とシリア・イラク以外の「イスラム国」との関係はいかなるものか。シリア・イラク以外の「イスラム国」の構成員は、「本家」に共鳴して「イスラム国」を名乗っているだけか。シリアで訓練を受けてはいるが、帰国してからは独立して活動しているのか。「本家」から指令、資金援助を受けているのか。さまざまなパターンが考えられる。ブリュッセルの事件の犯人の中にも、シリアへの渡航が確認されている者がいる。また、事件後、「イスラム国」は犯行を認める声明を出したと報道されている。[3]だが、「イスラム国」の関与の程度は不明である。本文でも指摘したように、「世界のどこにいても『イスラム国』の一員となって、イスラムの敵と戦うことができる」のである。

「イスラム国」を名乗る集団のイラク、シリア以外でのテロ攻撃は、「本家イスラム国」がイラク、シリアで勢力を伸ばし、支配を固めるには逆効果である。なぜなら、諸国に軍事攻撃の理由を与える

1　中谷和弘「「イスラム国」と国際法」(『国際問題』No.642、2015年6月) 7-8頁。
2　「イスラム国」以外にもヌスラ戦線 (Al-Nusra Front) など他の集団も含まれているが、話を簡明にするために、「イスラム国」にのみ言及する。
3　"Paris and Brussels bombers' links uncovered", http://www.bbc.com/news/world-europe-35879401 2016年4月11日アクセス。

からだ。国際共産主義運動の例を使うと、「本家イスラム国」中枢に、世界中でイスラムの敵と闘うべきだとする「世界同時革命」派と、まずイラク、シリアでの支配を固めるべきだとする「一国革命」派の対立はないのだろうか。

次のように考えることもできる。すなわち、「本家イスラム国」が世界中での「ジハード」を宣言したのは、アフガン紛争の時のように、世界各地から戦闘員を集める意図だったが、彼らの一部は帰国してから暴走した。これが「本家イスラム国」にとって不利な状況を作りつつある。だが、一旦、「ジハード」を宣言した以上、「本家イスラム国」は世界各地でのテロ攻撃に反対はできない。

対応

「本家イスラム国」が「イスラム国」を名乗るテロ事件を指令しているとまでは言えないが、資金面、技術面での援助をしている可能性は否定できない。外国のテロ組織を封じ込め・壊滅するには、現地政府に任せるのが定石であるが、シリア、イラクに関しては、これは「不可能の隣（next to impossible）」に位置する。

各国は入国管理を厳しくするとともに、不審者の発見・監視といった基本的な対策を続け、必要であれば新たな法律の制定を検討すべきである。もちろん、人権侵害に陥らないよう、配慮は必要である。「本家イスラム国」への軍事攻撃は安保理決議によって正当性を得、一定の効果が期待できる。

だが、匙加減を間違えるとシリア、イラクよりもそれ以外の国で反発を招き、さらなるテロ事件を招く恐れがある。過剰反応はテロリズムの危険な罠であることは、「イスラム国」についてもあてはまるのである。

あとがき

長年、テロリズムの研究に関して、論文、講義、セミナー、学会等の発表で、自分なりの見解を世に問うてきた。だが、体系的な研究書を出したいという希望は持ち続けてきた。目の前にある問題を論じても普遍性があり、考え方が時代を越えて生き残るものを著したかった。それが実現したのが、本書である。

本書がそれに値するかは、読者の判断にお任せする。本書はテロリズム研究の集大成ではなく、序説である。忌憚のないご意見を寄せていただき、さらに研究を続けたい。また、本書がテロ対策にかかわる方々に少しでも資するところがあれば、望外の喜びである。

筆者とテロリズムとの「遭遇」のひとつは、10代の頃の極左暴力集団の跋扈であった。平穏な生活を送っている人間が、ある日突然テロリズムの犠牲者となる。社会の安全のために体を張っている警察官が死傷する。家族や友人も不幸のどん底に突き落とされる。このような極悪非道な行為に怒りを覚えたのである。

もうひとつは、これも10代の頃の三島由紀夫事件であった。法治国家でクーデターを煽る。当時の防衛大学校長の猪木正道は高名な政治学者であったが、学生に訓示し、三島の思想と行動を厳しく糾弾した。筆者は少年なりに、無法に対する学問・言論の勝利であると確信した。その後、テロリズム研究に従事することになったのは、このような経験が潜在意識としてあったのかもしれない。

極左によるテロリズムは衰退したが、宗教・民族紛争に関連するテロリズムは衰退の兆しを見せない。また、単純に社会に反感を持って犯行に至る者もいる。伊勢・志摩サミットは無事終了したが、東京オリンピック・パラリンピックが控えている。オリンピックなどのスポーツ大会は、過去、頻繁にテロリストに襲われている。２０２０年までの技術の進歩は、テロリストに恰好の武器を与える恐れがある。気の抜けない日々が続くであろう。そして、オリンピックの後も、テロリズムの脅威はなくならないであろう。本文でも力説したように、過剰反応に陥らず、かつ断固としたテロ対策が必要である。

本書で示された見解は筆者個人の見解であって、いかなる機関・組織の見解でもない。述べられていることに対する責任は、すべて筆者にある。

本書を世に出すことができるのは、多くの方々のご協力の賜である。とても感謝し切れないが、公平を期すために、個々のお名前を挙げることは差し控える。だが、個人的なわがままをご容赦願いたい。筆者はこの世に生を享けてから今日に至るまで、父、母、兄、姉の世話になり続けてきた。本書が少しでも恩返しになればと思う。

２０１６年６月半ば　筆者、著す

片山善雄（かたやま・よしお）

防衛省防衛研究所防衛政策研究室長
1956年生まれ。大阪大学法学部卒業、オーストラリア国立大学国際関係論修士、アバディーン大学政治学博士、オークランド大学政治学部講師を経て、1995年より防衛研究所勤務。専門分野はテロリズム、危機管理。著書に『テロ対策入門』（共著、亜紀書房）、論文に「グローバリゼーションとテロリズム」（『海外事情』2013年9月）などがある。

テロリズムと現代の安全保障
テロ対策と民主主義

2016年7月27日　第1版第1刷　発行

著者	片山善雄
発行所	株式会社亜紀書房 郵便番号101-0051 東京都千代田区神田神保町1-32 電話……(03)5280-0261 http://www.akishobo.com 振替　00100-9-144037
印刷	株式会社トライ http://www.try-sky.com
装丁	日下 充典

ISBN978-4-7505-1481-9